ESCRAVIDÃO CONTEMPORÂNEA

Proibida a reprodução total ou parcial em qualquer mídia
sem a autorização escrita da editora.
Os infratores estão sujeitos às penas da lei.

A Editora não é responsável pelo conteúdo dos capítulos deste livro.
O Organizador e os Autores conhecem os fatos narrados, pelos quais são responsáveis, assim como se responsabilizam pelos juízos emitidos.

Consulte nosso catálogo completo e últimos lançamentos em **www.editoracontexto.com.br**.

Leonardo Sakamoto

(ORG.)

ESCRAVIDÃO CONTEMPORÂNEA

Copyright © 2020 do Organizador

Todos os direitos desta edição reservados à
Editora Contexto (Editora Pinsky Ltda.)

Foto de capa
João Roberto Ripper

Montagem de capa e diagramação
Gustavo S. Vilas Boas

Coordenação de textos
Ana Maria Straube

Tradução dos capítulos
"A história da proibição da escravidão",
"Trabalho escravo contemporâneo"
e "O impacto da escravidão nas mudanças climáticas"
Marília Ramos

Preparação de textos
Lilian Aquino

Revisão
Bruno Rodrigues

Dados Internacionais de Catalogação na Publicação (CIP)

Escravidão contemporânea / [organizado] por
Leonardo Sakamoto. – São Paulo : Contexto, 2020.
192 p.

Bibliografia
ISBN 978-85-520-0170-6

1. Trabalho escravo 2. Direitos humanos 3. Direitos dos
trabalhadores – Brasil I. Sakamoto, Leonardo

19-2728   CDD 326

Angélica Ilacqua CRB-8/7057

Índice para catálogo sistemático:
1. Trabalho escravo contemporâneo – Aspectos sociais

2020

Editora Contexto
Diretor editorial: *Jaime Pinsky*

Rua Dr. José Elias, 520 – Alto da Lapa
05083-030 – São Paulo – sp
pabx: (11) 3832 5838
contexto@editoracontexto.com.br
www.editoracontexto.com.br

SUMÁRIO

INTRODUÇÃO
O TRABALHO ESCRAVO CONTEMPORÂNEO 7
LEONARDO SAKAMOTO

HISTÓRIAS DE LIBERDADE 17
ANDRÉ ESPOSITO ROSTON

A HISTÓRIA DA PROIBIÇÃO DA ESCRAVIDÃO 31
MIKE DOTTRIDGE

O TRABALHO ESCRAVO APÓS A LEI ÁUREA 53
RICARDO REZENDE FIGUEIRA

COMO O BRASIL ENFRENTA O TRABALHO ESCRAVO CONTEMPORÂNEO 67
TIAGO MUNIZ CAVALCANTI

O PERFIL DOS SOBREVIVENTES   85
NATÁLIA SUZUKI
XAVIER PLASSAT

COMO O MUNDO ENFRENTA O TRABALHO ESCRAVO CONTEMPORÂNEO   109
RENATO BIGNAMI

TRABALHO ESCRAVO CONTEMPORÂNEO: UM NEGÓCIO LUCRATIVO E GLOBAL   129
SIOBHÁN MCGRATH
FABIOLA MIERES

O IMPACTO DA ESCRAVIDÃO NAS MUDANÇAS CLIMÁTICAS   151
KEVIN BALES

POSFÁCIO
A HERANÇA DO RACISMO   173
RAISSA ROUSSENQ ALVES

OS AUTORES   189

INTRODUÇÃO
O TRABALHO ESCRAVO CONTEMPORÂNEO

LEONARDO SAKAMOTO

Entre 1995 e setembro de 2019, mais de 54 mil pessoas foram encontradas em regime de escravidão em fazendas de gado, soja, algodão, café, laranja, batata e cana-de-açúcar, mas também em carvoarias, canteiros de obras, oficinas de costura, bordéis, entre outras unidades produtivas no Brasil.

Ao longo desse período, o trabalho escravo contemporâneo deixou de ser encarado como um problema restrito a regiões de fronteira agropecuária, como Amazônia, Cerrado e Pantanal. Hoje também é combatido nos grandes centros urbanos. Além disso, passou a ser compreendido não como resquício de formas arcaicas de exploração que resistiram ao avanço da modernidade, mas como instrumento adotado por empreendimentos para garantir lucro fácil e competitividade em uma economia cada vez mais globalizada.

Todo ano, milhares de pessoas são traficadas e submetidas a condições desumanas de serviço e impedidas de romper a relação com o empregador. Não raro, são impedidas de se desligar do trabalho até concluírem a tarefa para a qual foram aliciadas, sob ameaças que vão de torturas psicológicas a espancamentos e assassinatos.

No Brasil, essa forma de exploração é chamada de trabalho escravo contemporâneo.

A partir de 13 de maio de 1888, por meio da Lei Áurea, o Estado brasileiro deixou de reconhecer o direito de propriedade de uma pessoa sobre outra. Contudo, persistiram estratégias de submissão dos trabalhadores, as quais, a despeito de não terem respaldo oficial, negavam a eles liberdade e, sobretudo, dignidade. Chamamos de dignidade o conjunto básico de garantias a que devemos ter acesso simplesmente pelo fato de fazermos parte do gênero humano. Quando negada, pessoas são tratadas como instrumentos descartáveis de trabalho.

As naturezas legal e econômica do trabalho escravo contemporâneo diferem das características do trabalho escravo da Antiguidade clássica e daquela que aqui existiu durante a Colônia e o Império. Entretanto, o tratamento desumano, a restrição à liberdade e o processo de "coisificação" dos trabalhadores são similares. O número de envolvidos é relativamente pequeno se comparado à população economicamente ativa, porém, não desprezível.

Apesar de a cor de pele e a etnia não serem mais portas de entrada exclusivas para a escravidão, números da Divisão de Fiscalização do Trabalho Escravo do Ministério da Economia apontam que a proporção de negros entre o total de pessoas submetidas ao trabalho escravo contemporâneo é maior do que a sua participação entre o total de brasileiros, consequência direta de uma abolição incompleta, que não garantiu inclusão real aos descendentes dos africanos traficados para o Brasil.

O trabalhador escravizado é pobre. E a pobreza, infelizmente, ainda persiste e tem "preferência" por cor de pele no Brasil. Não à toa, movimentos negros preferem celebrar o 20 de novembro, Dia da Consciência Negra, a comemorar o 13 de maio.

Além da Lei Áurea, o Brasil ratificou diversos tratados internacionais prometendo combater esse crime, como as convenções 29 e 105 da Organização Internacional do Trabalho e a Convenção Suplementar sobre a Abolição da Escravatura, do Tráfico de Escravos e das Instituições e Práticas Análogas à Escravatura, da Organização das Nações Unidas (ONU). Além de, evidentemente, ser signatário da Declaração Universal dos Direitos Humanos, proclamado pela Assembleia Geral da ONU, em 10 de dezembro de 1948.

Como o Estado brasileiro já não admite a possibilidade de uma pessoa ser "dona" de outra, também não reconhece o trabalho escravo como relação legítima ou legal. Por isso, quando nosso Código Penal foi aprovado, em 1940, esse crime ficou conhecido como "redução à condição análoga à de escravo". Do ponto de vista técnico e jurídico, essa é a nomenclatura para definir tal forma de exploração. Na prática, é o mesmo que trabalho escravo contemporâneo.

Neste livro, usaremos predominantemente o conceito de "trabalho escravo contemporâneo", com exceção dos momentos de discussão legal, na qual o outro termo é empregado.

De acordo com o artigo 149 do Código Penal, quatro elementos definem trabalho escravo contemporâneo, de maneira combinada ou isolada:

    a. Cerceamento de liberdade – a impossibilidade de quebrar o vínculo com o empregador, que pode se valer de retenção de documentos ou de salários, isolamento geográfico, ameaças, agressões físicas, espancamentos e tortura;

b. Servidão por dívida – o cativeiro mantido pela imposição de dívidas fraudulentas, relacionadas a transporte, alimentação, hospedagem, adiantamentos, dentre outras;
c. Condições degradantes de trabalho – o meio ambiente de trabalho que nega a dignidade humana, colocando em risco a saúde, a segurança e a vida da pessoa;
d. Jornada exaustiva – o cotidiano de trabalho que leva o trabalhador ao completo esgotamento físico e psicológico e à impossibilidade de ter uma vida social, dada a intensidade e a duração da exploração, colocando em risco sua saúde e sua vida.

Há também outros conceitos utilizados para descrever esse mesmo fenômeno: formas contemporâneas de escravidão (usado, por exemplo, pelo Alto Comissariado das Nações Unidas para os Direitos Humanos); escravidão contemporânea (uma variação do termo usado neste livro); trabalho escravo moderno e escravidão moderna (utilizados em países como os Estados Unidos e o Reino Unido).

Existe um debate global para uniformizar conceitos e nomenclaturas que não deve se esgotar tão cedo, dado que o fenômeno assume características próprias nos diferentes países em que se manifesta, apropriando-se de formas locais da exploração do ser humano e reinventando-as.

UM INSTRUMENTO ECONÔMICO

O trabalho escravo contemporâneo não é resquício de modos de produção arcaicos que sobreviveram ao capitalismo. Trata-se de um instrumento utilizado por empreendimentos para potencializar seus processos de produção e expansão. A superexploração do trabalho, da qual o trabalho escravo contemporâneo é a forma mais cruel, é deliberadamente utilizada em determinadas regiões e circunstâncias como ferramenta. Sem ela, empreendimentos atrasados não teriam a mesma capacidade de concorrer numa economia globalizada.

Em outras palavras, há empregadores que se valem desse expediente para ganhar competitividade, de forma desleal, no mercado – uma espécie de "*dumping* social". Já outros se aproveitam dessa alternativa tão somente para aumentar suas margens de lucro.

Na década de 1970, a sociedade civil brasileira passou a denunciar sistematicamente a persistência desse tipo de exploração, tendo a Comissão Pastoral da Terra, ligada à Igreja Católica, à frente. Após décadas de pressão, o governo reconheceu perante à ONU, em 1995, a existência de trabalho escravo contemporâneo em seu território. Naquele ano, foi estabelecida uma política pública baseada em grupos especiais de fiscalização móvel, compostos por diversos agentes do Estado – auditores fiscais do trabalho, procuradores do trabalho e da República, defensores públicos, policiais federais, rodoviários e militares, dentre outros servidores. Essas equipes investigam denúncias, resgatam pessoas e responsabilizam empregadores pelo pagamento de salários e direitos. Também tomam medidas judiciais para punir criminalmente e na Justiça do Trabalho quem viola a lei.

Baseado no trabalho dessas equipes, é possível saber que, dentre as finalidades mais comuns do trabalho escravo contemporâneo no Brasil, encontram-se a derrubada de mata nativa e a limpeza de áreas para a constituição de empreendimentos agropecuários e extrativistas. Sim, parte do desmatamento da Amazônia brasileira recorre à mão de obra escrava. Além disso, ela também é utilizada na região para construção de cercas, plantação de pastos, produção de carvão vegetal e catação de raízes, tarefas que possibilitam o cultivo da soja e do algodão.

11

Ao contrário do que propõe o senso comum, não são empregadores pobres os principais beneficiários do trabalho escravo contemporâneo. Em dezembro de 2001, uma equipe de fiscalização encontrou 54 pessoas escravizadas numa fazenda em Eldorado dos Carajás, sudeste do Pará. Elas trabalhavam na ampliação da infraestrutura e na limpeza do pasto de uma fazenda de gado considerada modelo no desenvolvimento de matrizes reprodutoras, inseminação artificial e comercialização de embriões. O proprietário era um dos maiores criadores da raça Nelore naquele estado. Há diversos exemplos de fazendas de soja e algodão que empregavam tecnologias de última geração na produção de grãos e fibras, enquanto a preparação de solo e a ampliação de área haviam sido realizadas de forma arcaica, com baixo investimento.

Em outra operação ocorrida em Sinop, no Mato Grosso, foram libertados 22 trabalhadores em situação de escravidão na produção de arroz e soja. A ação foi motivada por denúncias de condições degradantes e cerceamento da liberdade. Algumas pessoas não eram pagas há meses, recebendo apenas comida e alojamento – pequenas barracas de lona nas quais se amontoavam, em redes, famílias inteiras. A água que utilizavam era imprópria e servia ao mesmo tempo para consumo, banho e lavagem de roupa. Inicialmente, 40 pessoas haviam sido contratadas para a empreitada. Porém, como não suportaram as duras condições impostas, muitos fugiram antes da fiscalização chegar. De acordo com a coordenadora da operação de resgate, os trabalhadores ouviam ameaças constantes por parte do gerente: "Maranhense tem que apanhar mesmo de facão".

Durante a Ditadura Militar, a grilagem de terras e a escravização da força de trabalho foram largamente usadas na Amazônia para a implantação de fazendas. E isso não aconteceu por causa da "ausência do Estado". Ao contrário, se deu pela ação direta de setores privados interessados na indiferença deliberada do poder público. Historicamente, empreendimentos flagrados com trabalho escravo têm conseguido recursos por intermédio dos governos federal, estadual e municipal. É comum encontrar nas porteiras das fazendas placas que trazem dados sobre financiamento público e provam que o Estado se faz presente por meio de incentivos fiscais e isenção de tributos.

Combater o trabalho escravo contemporâneo implica ferir interesses econômicos. Desde novembro de 2003, pessoas físicas e jurídicas responsabilizadas por essa prática são inseridas num cadastro público, organizado pelo governo federal, chamado de "lista suja". Grandes empresas brasileiras e estrangeiras já figuraram na lista. Desde 2003, a organização não governamental Repórter Brasil rastreou mais de 1.700 cadeias produtivas de empreendimentos de onde foram resgatadas pessoas escravizadas. A investigação alcançou também centenas de indústrias e varejistas brasileiros e multinacionais.

Por quase duas décadas, representantes de grandes produtores rurais tentaram impedir a aprovação da Emenda Constitucional 81/2014. A medida prevê o confisco – sem indenização – de quaisquer propriedades rurais e urbanas onde o trabalho escravo é encontrado, destinando-as a programas habitacionais e de reforma agrária. Importantes atores econômicos também tentam impedir o cumprimento de uma lei, aprovada em São Paulo, que cassa por um período de dez anos o registro estadual de qualquer empresa que tenha se beneficiado de trabalho escravo.

Resgatar trabalhadores da escravidão é fundamental, mas funciona como um remédio que até pode baixar a temperatura alta do organismo, mas que não vai curar a enfermidade. Ou seja, é necessário atacar o sistema que leva à reprodução do trabalho escravo. Para tanto, é preciso garantir acesso a emprego, educação, saúde, cultura, lazer, moradia e alimentação à população mais pobre, a qual acaba se tornando presa fácil para aliciadores de mão de obra. Se isso não ocorrer, todo o combate à escravidão vai tão somente enxugar gelo. O desafio não é simples: o trabalho escravo contemporâneo é um negócio global que movimenta ao menos 150 bilhões de dólares e atinge 40,3 milhões de pessoas anualmente, segundo dados das Nações Unidas.

Ainda assim, trata-se de um desafio necessário, e nele reside uma das mais importantes batalhas de nosso tempo. Afinal, enquanto qualquer ser humano for vítima de trabalho escravo, a humanidade não será, de fato, livre.

O LIVRO QUE VOCÊ TEM EM MÃOS

Neste livro, apresentamos o que é o trabalho escravo contemporâneo, sua história recente, como ele se insere no Brasil e no mundo e o que tem sido feito para erradicá-lo. Os capítulos foram escritos por especialistas nacionais e estrangeiros e mostram por que, apesar de ninguém defender abertamente esse crime, tem sido tão difícil combatê-lo. Cada capítulo discute um tema específico, mas pode abordar de forma lateral um assunto já tratado em uma outra parte do livro.

No capítulo "Histórias de liberdade", André Esposito Roston, auditor fiscal do trabalho que coordenou os grupos especiais de fiscalização do governo federal, conta anos de histórias de resgates de trabalhadores, dando rostos para os números.

Em seguida, em "A história da proibição da escravidão", Mike Dottridge, ex-diretor da Anti-Slavery International, a mais antiga organização de direitos humanos do mundo, fundada em 1839 e sediada em Londres, ex-diretor da Anistia Internacional e consultor internacional para trabalho escravo e trabalho infantil, trata dos documentos internacionais criados para banir a escravidão, como a Declaração Universal dos Direitos Humanos e a Convenção Americana de Direitos Humanos.

O antropólogo e professor da Universidade Federal do Rio de Janeiro, Ricardo Rezende Figueira, explica no capítulo "O trabalho escravo após a Lei Áurea" como esta acabou com o reconhecimento da legalidade da escravidão por parte do Estado, mas não foi capaz de impedir que trabalhadores continuassem submetidos a formas contemporâneas de escravização no Brasil. Também aborda o que aconteceu entre a promulgação da lei abolicionista e a ditadura militar.

O pesquisador, doutor em Direito do Trabalho e ex-coordenador da área de combate ao trabalho escravo do Ministério Público do Trabalho, Tiago Muniz Cavalcanti trata, no capítulo "Como o Brasil enfrenta o trabalho escravo contemporâneo", do conceito de escravidão contemporânea, como ela se caracteriza no Brasil hoje e como ela é enfrentada.

No capítulo "O perfil dos sobreviventes", Natália Suzuki, doutoranda em Ciência Política pela Universidade de São Paulo e pósgraduada em Direitos Humanos e Intervenção Humanitária pela Universidade de Bolonha, e Xavier Plassat, cientista político pela Sciences Po, em Paris, frei dominicano e coordenador da área de combate à escravidão da Comissão Pastoral da Terra, que atende há 35 anos vítimas de trabalho escravo na Amazônia, traçam um perfil de quem é o trabalhador escravizado hoje no Brasil.

Renato Bignami, auditor fiscal do trabalho e doutor em Direito do Trabalho e da Seguridade Social pela Universidade Complutense de Madrid, compara, no capítulo "Como o mundo enfrenta o trabalho escravo contemporâneo", o combate ao trabalho escravo no Brasil ao que vem sendo feito para erradicar esse crime em outros países.

Siobhán McGrath, professora e pesquisadora da Universidade de Durham, na Inglaterra, e Fabiola Mieres, doutora em Política pela Universidade de Manchester e pesquisadora do departamento de Geografia da Universidade de Durham, analisam, em "Trabalho escravo contemporâneo: um negócio lucrativo e global", de que maneira a falta de liberdade nas relações trabalhistas se integra às cadeias produtivas, além de discutir quais lições podem ser tiradas da experiência brasileira de combate à escravidão a partir de instrumentos econômicos.

No capítulo "O impacto da escravidão nas mudanças climáticas", o professor Kevin Bales, responsável pela cadeira de Escravidão Contemporânea na Universidade de Nottingham, na Inglaterra, coautor do Índice de Escravidão Global, fundador da ONG Free the Slaves e considerado um dos maiores especialistas mundiais no tema, traça paralelos entre as mudanças climáticas e o trabalho escravo, demonstrando como esse fenômeno está intimamente ligado à destruição ambiental.

No mais que necessário posfácio "A herança do racismo", Raissa Roussenq Alves, mestra em Direito, Estado e Constituição pela Universidade de Brasília e ex-representante do Conselho Federal da Ordem dos Advogados do Brasil na Comissão Nacional para a Erradicação do Trabalho Escravo, analisa o racismo e o regionalismo presentes no trabalho escravo contemporâneo.

Que a luz da dignidade e os bons ventos da liberdade acompanhem sua leitura.

HISTÓRIAS DE LIBERDADE

ANDRÉ ESPOSITO ROSTON

Lembro-me de um trabalhador com mais de 70 anos que encontramos largado num barraco de lona no meio do mato por mais de um mês. Ele estava incapacitado para trabalhar depois de ficar doente durante a aplicação de agrotóxicos. Seus companheiros pediram ao capataz da fazenda para levar o senhor para atendimento médico na cidade. Este respondeu que se quisessem que o carregassem até a beira da estrada e o jogassem lá ou pedissem carona para ele. Mas que voltassem logo, ou perderiam a diária de trabalho. A rodovia ficava a 30 quilômetros de distância da porteira da fazenda numa estrada vicinal de terra.

A partir desse dia, o grupo de aproximadamente dez trabalhadores combinou de dividir o valor da remuneração – que talvez fosse recebido só ao final da empreita de roço, com previsão de duração total de três meses – para custear a alimentação do homem adoentado, já que ele não receberia nada pelos dias parados até se recuperar.

Em outro flagrante, a mulher de um dos trabalhadores nos recebeu em seu barraco de madeira pedindo mil desculpas por não poder nos oferecer um café. É que ela estava sem água e, naquele momento, não dava para repor. Perguntamos o motivo. Envergonhada, explicou que aquele era o horário em que a vara de porcos do fazendeiro costumava ir até o córrego utilizado pelos trabalhadores e familiares para se banhar, lavar as roupas e captar água para beber. Como o curso d'água era lento, ele ficava todo revolvido e com cor marrom por longo período. Além, é claro, do tempo necessário para a água levar embora o estrume dos animais.

Houve o caso de dois irmãos adolescentes que encontramos trabalhando no roço em área que permanecia isolada por seis meses no período de chuvas amazônicas, cercados por jacarés e tendo de caçar para conseguir algum alimento além de arroz.

Marcou-me um fazendeiro e médico maranhense, dono de um hospital enorme que era a grande referência regional. Para não construir um local de alojamento para os trabalhadores, mantinha-os dormindo dentro de um curral. Mas apenas em metade da estrutura, porque a outra metade era ocupada por seus cavalos. Como os trabalhadores estavam realizando atividades de roço de pasto e construção de cercas em áreas distantes dentro da fazenda, sem comunicação por celular ou rádio, sujeitos a acidentes com o gado, animais peçonhentos, cortes de facão ou intoxicação por agrotóxicos, o médico teve a presença de espírito de deixar na fazenda um estojo para primeiros socorros. Dentro dele havia duas cartelas de aspirinas.

Impossível esquecer a inspeção na fazenda na qual fomos informados da existência de alguns homens enterrados em seu interior. Descobrimos um cemitério de trabalhadores rurais, cujas covas eram marcadas por estacas simples de madeira. As mortes, o relato era unânime, nada tinham a ver com assassinatos e jagunços: todos os falecidos eram empregados informais e o patrão não queria fazer o registro dos acidentes de trabalho. Visivelmente revoltados, alguns trabalhadores observavam que não aceitavam o fato de as famílias não terem sequer o direito de saber o que havia acontecido e poder enterrar eles mesmos seus mortos.

Há vários casos em que não encontrávamos os trabalhadores, pois eles haviam sido escondidos pelo empregador. Tínhamos de ser criativos para obter as informações para localizá-los, num jogo de gato e rato. A sinceridade de uma criança vale ouro nesses momentos.

Certa vez, precisávamos dos dados de endereço de referência de um trabalhador para cadastro no seguro-desemprego, ainda que fosse de um parente próximo. Ele, "peão de trecho", que vivia de trecho em trecho, de empreita em empreita, ligou para a mãe usando nosso telefone funcional. Era o único número que tinha anotado num pedaço de papel sujo e velho. Poucos momentos depois de iniciada a ligação, ele começa a chorar – na verdade, um escorrer de lágrimas com expressão contida. Ele trabalhava há tanto tempo longe de casa que acabara de descobrir que seu pai falecera cinco anos atrás.

Sou auditor-fiscal do trabalho e, desde 2011, me dedico ao combate do trabalho análogo ao escravo. Por quase cinco anos, integrei e, posteriormente, coordenei uma das equipes de campo do Grupo Especial de Fiscalização Móvel, cujo objetivo central é o resgate das vítimas de trabalho escravo contemporâneo, o reconhecimento e quitação de seus direitos trabalhistas, a indenização pela violação de seus direitos humanos e a responsabilização dos ofensores.

O batidão de operações repetido ao longo dos anos, uma operação por mês, cada uma delas com algumas fazendas fiscalizadas, vai deixando a impressão de que, embora cada caso seja um caso, a estrutura de muitos problemas, dramas e abusos vai se repetindo, bem como as estratégias que moldamos para o resgate das vítimas.

Embora tenha operado em todo o país, a maioria das minhas ações ocorreu na Amazônia legal, em estados como Pará, Maranhão, Tocantins, Rondônia, Amazonas e Acre.

Não é fácil passar semanas longe de casa todos os meses. Longas horas cruzando estados continentais como o Pará, percorrendo centenas e centenas de quilômetros num dia, boa parte invariavelmente em estradas de chão batido; enfrentar o sol escaldante andando por mais algumas horas, por vezes em pastos abertos de fazendas, em picadas abertas no meio da floresta ou em voadeiras nos rios, igarapés e igapós; percorrer vias perigosas (os acidentes de trânsito são certamente o risco mais presente e grave que corremos); passar por pinguelas se equilibrando para não cair na água com todo o material que carregamos.

As equipes geralmente têm em torno de 15 pessoas, entre auditores-fiscais do trabalho, motoristas, policiais federais ou rodoviários federais, representantes do Ministério Público do Trabalho, Ministério Público Federal, Defensoria Pública da União, todos com origens, experiências de vida e repertórios culturais dos mais diversos e vindos dos mais distantes cantos do país. Em mais de 80% das fiscalizações com resgate, conseguimos, no curto prazo de duas semanas de operação, formalizar os contratos, quitar as verbas trabalhistas, mandar para suas localidades de origem (quando é o caso) e, quase sempre, obter uma indenização por dano moral individual para a compensação dos trabalhadores.

Uma vez, um fazendeiro, ao perceber o início de uma fiscalização em sua propriedade, se evadiu sorrateiramente do local e, rumando para a cidade, procurou as mulheres de dois trabalhadores em suas residências com um revólver na mão. Deu coronhadas na cabeça delas e as ameaçou de morte. Em parte por suspeitar que os maridos poderiam ser sido os denunciantes, em parte para tentar, pela força, reafirmar a relação de dominação sobre aquelas pessoas.

Um grupo de trabalhadores foi libertado de uma fazenda. Alguns deles haviam passado anos como escravos em razão de servidão por dívida. Temendo retaliação do empregador, parte deles, num primeiro momento, sequer queria manter contato com a equipe de fiscalização para atendimentos básicos. Uma minoria resistiu até o final ao contato conosco, ficando sem nenhum atendimento possível de nossa parte. Era medo que sentiam.

Em todos esses anos, ouvi muitas ameaças relatadas por trabalhadores. Um gerente de fazenda fez uma meia lua no pescoço do trabalhador com uma lâmina. Disse que, a depender da conversa com os "federais", seus filhos iriam sangrar.

Fiscalizar denúncias de trabalho escravo em regiões e setores que nunca foram fiscalizados é um mergulho no passado. Em 2014, demos início a inspeções envolvendo a exploração de comunidades ribeirinhas em atividades extrativistas na Amazônia. A primeira delas foi no interior de Lábrea, no Amazonas, na coleta de castanha do Brasil.

No município havia sido criada, em grande parte por mobilização da população local, a Reserva Extrativista do Médio Purus, cujo regime estabelece que a União é proprietária das terras, podendo elas e os seus recursos naturais serem ocupados e explorados apenas pelas comunidades ribeirinhas, de maneira a perpetuar seu modo de vida tradicional.

Tratava-se de uma tremenda vitória contra o avanço do desmatamento que se espalha a passos largos ao sul de Lábrea. Nesse processo, boa parte dos ribeirinhos se organizou por meio de cooperativas para a extração e comercialização direta da castanha do Brasil em seus respectivos territórios. Um caminho não livre de problemas e contradições, mas inserido num momento de protagonismo dessa população na reelaboração de sua própria estratégia de organização, preservação e subsistência.

Não obstante a criação da reserva, um homem chamado Osvaldo arrogava para si a condição de único proprietário de grandes castanhais localizados numa área a cerca de 300 quilômetros da sede do município, acessível exclusivamente por navegação pelo rio Purus. As terras onde se encontravam "seus" castanhais teriam sido herdadas do pai, e, nas gerações anteriores, eram utilizadas para a extração de borracha dos seringais ali existentes. Na área clamada por Osvaldo, somente os ribeirinhos autorizados por ele podiam realizar a catação e quebra da castanha e tinham, em contrapartida, a obrigação de entregar-lhe, com exclusividade, todo o resultado da colheita. Todos eram oriundos das comunidades circunvizinhas aos castanhais, onde a equipe de fiscalização só conseguiu chegar depois de dois dias de barco.

As famílias habitavam e trabalhavam nestas terras desde a época em que era explorada a produção de borracha, ainda pelo pai de Osvaldo, laborando seguidamente ao longo dos anos na quebra de castanha no período de safra. Os ribeirinhos que trabalhavam para ele não eram nomeados de empregados, peões, obreiros. Eram os seus "fregueses" e se ligavam ao patrão pelo sistema de aviamento, que nada mais é do que o nome regional para o famigerado sistema de barracão ou *truck system*.

Os trabalhadores não recebiam nenhum dinheiro durante todo o período de safra. Somente eram pagos depois que Osvaldo negociava e vendia a castanha na cidade de Lábrea, quando encerrada a colheita. Decorriam longos lapsos de tempo entre o fim da prestação do serviço e a sua quitação. No ano de 2013, a venda da castanha ocorreu em abril, com o fim da colheita, mas o pagamento dos trabalhadores somente foi feito em meados de junho.

Sem recebimento de dinheiro ao longo da safra, os ribeirinhos, para sua subsistência e desenvolvimento do trabalho, adquiriam bens do patrão – não apenas alimentos, como leite em pó, café, arroz, óleo, mas também itens para o trabalho, como botas, terçados, gasolina e diesel para as canoas que transportavam os empregados de suas casas até a frente de trabalho, e ainda cachaça e tabaco.

A partir da dívida montada ao longo da safra se estabelecia, ano após ano, uma relação de dependência e dominação com os "fregueses", que passavam a ter o "compromisso" de entrega do trabalho com o patrão.

Osvaldo mantinha na comunidade de Luziânia uma casa – onde permanecia durante parte da safra – e dois depósitos, sendo um deles um paiol utilizado para medição e estocagem de toda a castanha catada pelos ribeirinhos, e o outro uma antiga loja de comércio, utilizada como armazém de produtos fornecidos aos trabalhadores. Até ver pessoalmente o tal armazém, eu tinha para mim que o "barracão" do chamado "sistema de barracão" era quase uma força de expressão. Mas ali tudo era bem concreto e literal.

Os bens adquiridos eram integralmente descontados do crédito bruto a ser recebido pela produção de castanha e, invariavelmente, vendidos a preços superiores ao de aquisição. De acordo com Osvaldo, ele fazia um acréscimo médio de 20% sobre o valor cobrado na cidade para venda aos ribeirinhos.

Na outra ponta, o valor pago pela produção aos fregueses era muito inferior ao praticado na região. Em 2013, Osvaldo vendeu as castanhas no patamar de R$20,00 a lata – unidade de medida padrão utilizada na região para pesagem da castanha. Já os "fregueses" receberam dele o valor de R$18,00 a caixa, ou seja, foram pagos com base em outra unidade de medida. Em testes práticos no paiol da comunidade de Luziânia, constatamos que, para preenchimento da caixa utilizada pelo patrão, era necessário o equivalente a duas latas e meia. Osvaldo atribuiu à castanha dos trabalhadores um valor 64% menor do que o obtido com a venda na cidade de Lábrea.

Com o baixíssimo valor por unidade, a depender do ano, Osvaldo informou que, por vezes, os obreiros recebiam R$100,00 ou R$200,00 por todo o serviço prestado na safra de castanha. É isso mesmo que vocês acabam de ler.

Os trabalhadores, por sua vez, relataram que, em certos anos, todos ou parte deles ficavam devendo ao patrão em razão do fornecimento das mercadorias. Nesse caso, os ribeirinhos "fregueses" tinham desde então o compromisso de, na safra seguinte, colher castanha suficiente para quitar o débito do ano anterior antes de começar a apurar algum saldo. Claro que, para começar um novo trabalho, novos alimentos, ferramentas e gasolina seriam necessários e prontamente entregues – e descontados – pelo patrão.

O que me saltou aos olhos foi estar diante de um método verdadeiramente racionalizado e universalizado de submissão e criação de dependência da mão de obra. A prática não é nova, e vem sendo adotada há 300 anos na região amazônica, tendo sido consolidada durante o ciclo da borracha (com seus dois períodos áureos entre o fim do século XIX e o início do século XX, e no curso da Segunda Guerra Mundial). Segue viva, como um elemento identitário das relações de trabalho do Brasil.

Na operação em Lábrea, foram resgatados 21 trabalhadores que ainda estavam prestando serviços, além de cobrada a regularização dos contratos de mais 16 que já haviam acabado a catação naquela safra. Um total de 37 trabalhadores, sendo 6 menores de idade. O pagamento das verbas trabalhistas sonegadas e das verbas rescisórias foi de R$ 58.978,42.

O resgate não se confundiu com a retirada física dos ribeirinhos de suas comunidades e seu ambiente, mas significou tão somente o rompimento, naquela safra, da relação de dependência para com o patrão, com a cobrança do pagamento imediato do que, por direito, lhes era devido. É preciso entender cada contexto. Como resumiu uma liderança comunitária local: "A gente não quer mudar de vida. Queremos continuar sendo ribeirinhos, mas com dignidade".

Operações como essa podem parecer pouco. Mas elas, junto com outras ações de combate ao trabalho análogo ao de escravo, têm servido, ao longo dos anos, para problematizar e desnaturalizar o regime de superexploração. Ajudam a balizar discussões sobre cooperativas ou outras formas de organização coletiva dos ribeirinhos, como ocorria em Lábrea.

Também chamam a atenção para o isolamento, não apenas geográfico, das comunidades. A completa, ou quase completa, ausência de prestação até dos serviços mais básicos pelo Estado – como saúde e educação – contribui decisivamente para a dependência da comunidade em relação a patrões e atravessadores.

Dentre os trabalhadores explorados nos castanhais estavam crianças a partir de 8 anos de idade. Isso em uma atividade que impõe riscos graves, com uso de terçado para quebra da castanha e muita intensidade física. Castanheiras chegam a atingir 50 metros de altura. Já seus ouriços, parecidos com cocos, caem do alto para serem quebrados no chão pelos trabalhadores e pesam até 1,5 quilo.

Um dos ribeirinhos "fregueses" que resgatamos, um jovem adulto, tinha o crânio afundado e bastante dificuldade de entendimento das conversas com a equipe de fiscalização. Foi atingido durante a queda de um ouriço de castanheira quando trabalhava na safra ainda criança. Na época, ficou entre a vida e a morte, a mais de 300 quilômetros da cidade, sem nenhuma possibilidade de socorro.

Perguntado sobre como via a questão do uso de mão de obra infantil, Osvaldo respondeu: "Trabalho de criança é pouco, mas quem dispensa é louco".

Em 1995, quando foi criado o Grupo Especial de Fiscalização Móvel, as atividades das equipes se concentraram especialmente em localidades como o Mato Grosso e o Bico do Papagaio (enorme região no norte do Tocantins que é entroncamento entre os estados do Pará e o Maranhão). Assim foi por muitos anos e até hoje ocorrem muitas operações por aquelas bandas, embora outras frentes e focos tenham surgido com o passar do tempo.

Entre as consequências dessa atuação contínua e consequente por grande período estão a diminuição dos episódios de violência (assassinatos, mutilações, tortura, agressões) contra trabalhadores, a melhoria das condições de contratação e trabalho, a disseminação entre empregadores e empregados rurais do que são as circunstâncias e violações que determinam o trabalho escravo contemporâneo, além da atuação do Estado brasileiro para resgate, formalização dos contratos, pagamento e afirmação da dignidade das vítimas, bem como a responsabilização dos exploradores.

Sempre repito que se toda uma equipe de servidores públicos de diversos órgãos precisa se mobilizar para garantir e restabelecer uma premissa civilizatória básica – a de que não se admite a negação e subtração de alguém da condição de igual em dignidade e direitos fundamentais – é porque muita coisa deu errado antes. Mas o que é, de certo modo, apagar um incêndio em cada caso isolado, em cada resgate, torna-se, no longo prazo, prevenção quando há regularidade de atuação.

Apesar dos seguidos flagrantes, acolhimentos e responsabilizações, não é possível dizer que a vulnerabilidade dos trabalhadores tenha mudado radicalmente apenas em razão dos resgates. O Estado brasileiro não amadureceu ainda suas políticas públicas a ponto de garantir que cada indivíduo vitimado tenha todas as condições de se livrar do círculo vicioso do trabalho escravo contemporâneo. Mas as práticas abusivas de contratação e exploração utilizadas nos setores e regiões fiscalizados sucessivamente passam a não ser tão vantajosas e vão sendo progressiva e teimosamente alteradas.

Atuávamos no sul do Pará, no entorno de Marabá, principal cidade da região. Já tínhamos realizado diligências para averiguar possíveis situações de trabalho análogo ao de escravo em algumas fazendas, sem sucesso. Nada fora da curva. Em média, por volta de uma em cada cinco situações com denúncias e indícios de trabalho escravo contemporâneo gera, na atuação em campo, constatação positiva.

Decidimos passar para o estabelecimento seguinte da pauta: uma fazenda de criação extensiva de gado que não havia sido priorizada porque as informações sobre as condições a que estariam sendo submetidos os trabalhadores – maus-tratos; alojamento, água e instalações sanitárias "precárias"; comida "muito ruim"; descontos abusivos dos salários – eram demasiadamente genéricas, embora cuidassem de itens, em tese, graves, podendo em seu conjunto constituir elementos importantes para o diagnóstico de trabalho escravo. Não era possível ter uma ideia clara, ainda que preliminar, da intensidade das violações caso fossem verdadeiras as informações recebidas.

Rodamos 150 quilômetros em estrada de asfalto e mais 80 quilômetros num ramal de terra. Entramos pela porteira e seguimos o caminho principal até a sede, que encontramos vazia, onde deixamos pequena porção da equipe caso alguém aparecesse por lá. Fomos adiante a partir da informação de que os problemas nas habitações aconteceriam num retiro, composto por cinco casas, que serviam de moradias familiares, e um alojamento para os trabalhadores solteiros.

Chegamos ao retiro sem grandes dificuldades. A composição de estruturas do local batia com os dados que motivaram a inspeção. As condições encontradas nem de longe. Constatamos uma área de vivência típica de áreas rurais, com todas as condições estruturais, de organização e de manutenção para garantir um meio ambiente adequado e dignidade para todos os trabalhadores. Cada uma das casas era ocupada por um único núcleo familiar (de quatro trabalhadores vaqueiros, um deles, capataz, e um operador de máquinas). O alojamento tinha boa estrutura e dimensionamento para abrigar todos os que ali dormiam. Todos os empregados e familiares tinham disponíveis instalações sanitárias funcionando, água de poço artesiano armazenada em caixas d'água devidamente protegidas e locais simples e higiênicos para cozinhar, guardar alimentos e fazer as refeições.

Parte da equipe ainda teimou em circular por diferentes ramais da fazenda. Desviou caminhos e entrou em corredores de pastos em busca de áreas com mata mais fechada, mata de várzea ou nascentes e cursos de córregos onde, na falta de qualquer estrutura fornecida e garantida pelas fazendas, é comum a instalação de turmas de trabalhadores em barracos de lona em condições degradantes.

Nada. Aprofundando entrevistas e análise de documentos (parte desse trabalho documental é feito nos dias seguintes à inspeção), verificamos que todos os trabalhadores estavam registrados e, para nossa surpresa, a fazenda mantinha e praticava corretamente o controle de jornada dos trabalhadores, algo raríssimo no meio rural. Descontos apenas de contribuições previdenciárias devidas. A distribuição de equipamentos de proteção individual era bem organizada.

Preparamo-nos para deixar a fazenda e fui me despedir do capataz, que ia chefiar a lida com o gado no período da tarde. Depois de algumas palavras cordiais, ele me interpelou:

– Viu, eu conheço vocês. Vocês são da "federal" do trabalho escravo.
– E como o senhor sabe disso?
– Ah, eu fui resgatado por vocês! Faz muitos anos. Uns dez anos atrás.
– E o senhor foi bem atendido, recebeu seus direitos?
– Sim, foi tudo direitinho.
– Que bom. E onde o senhor foi resgatado?
– Aqui, nesta fazenda.

Fiquei arrepiado. Engatamos uma conversa um pouco mais longa. Perguntei como eram as condições dele na época. Contou-me de turmas em barracos de lona, água ruim, necessidades no mato, acidentes de trabalho, falta de socorro, isolamento, falta de pagamento, dívidas com o gato [como são chamados contratadores de mão de obra a serviço de fazendeiros], jagunços armados... Enfim, o pacote típico do trabalho escravo contemporâneo.

Ouvindo o relato, pensei que as informações que motivaram a inspeção da fazenda pareciam uma reminiscência do passado daquele mesmo local.

– E como o senhor voltou a trabalhar aqui?
– Eu fiquei um tempo na rua depois do acerto. Mas eles gostavam do meu serviço e ligeiro me chamaram de volta.
– E o senhor voltou já com carteira assinada, casa para morar com a família, tudo em ordem?
– Sim. Tinha quase toda a estrutura que vocês estão vendo aí.
– A fazenda mudou de dono?
– Mudou não.

O que havia mudado, e profundamente, era aquela antiga realidade.

A HISTÓRIA DA PROIBIÇÃO DA ESCRAVIDÃO

MIKE DOTTRIDGE

Em 10 de dezembro de 1948, a Assembleia Geral das Nações Unidas (AG-ONU) adotou a Declaração Universal dos Direitos Humanos, uma afirmação corajosa de um conjunto de princípios jurídicos destinados a restringir a maneira como os Estados (governos) podem tratar seus cidadãos, ao mesmo tempo que exige desses mesmos governos a tomada de medidas positivas para proteger os direitos humanos e impedir que estes sejam violados. Um dos artigos de destaque da Declaração Universal, juntamente com o direito à vida e o direito de não ser submetido à tortura, é o artigo 4º, que afirma que: "Ninguém será mantido em escravidão ou servidão; a escravidão e o tráfico de escravos serão proibidos em todas as suas formas". Duas décadas mais tarde, a Organização dos Estados Americanos (OEA) adotou a Convenção Americana de Direitos Humanos, com um compromisso semelhante contra a escravidão, embora mais detalhado. Ainda assim, dos anos 1960 até os anos 1990, proibições em relação à escravidão eram consideradas em grande parte redundantes, pois se considerava que a escravidão fora abolida no mundo. Nos últimos 30 anos, entretanto, ficou clara sua persistente relevância.

O ARTIGO 4º DA DECLARAÇÃO UNIVERSAL DOS DIREITOS HUMANOS É REDUNDANTE?

Nas décadas imediatamente posteriores à adoção da Declaração Universal, a comunidade internacional estava preocupada primordialmente com a inexistência de sociedades independentes no Caribe, na África e na Ásia – locais onde o direito à autodeterminação fora negado pelos poderes coloniais e ativistas pró-independência eram reprimidos e, mais tarde, até o fim da Guerra Fria em 1989, onde opressão e atrocidades eram cometidas por militares e outras ditaduras. As provisões do artigo 4º, consequentemente, ganharam pouca atenção. Afinal, terminada a Segunda Guerra Mundial, e com ela a exploração sistemática de trabalho escravo por Alemanha e Japão, a escravidão persistia apenas como uma instituição legal no Reino da Arábia Saudita e num pequeno grupo de outros Estados árabes.

Quando esses países nominalmente abandonaram a prática, nos anos 1960 e 1970, a comunidade internacional presumiu que a escravidão clássica fora abolida, embora, na realidade, o trabalho forçado imposto por autoridades governamentais continuasse, junto com casos de exploração econômica aguda praticada por empregadores privados e a exploração já habitual de mulheres no comércio do sexo. Apesar disso, uma vez que a Guerra Fria acabou, houve uma explosão virtual de notícias a respeito de casos que traziam muitas das características próprias da escravidão, não apenas no Brasil, mas na Europa, na Ásia e em outros lugares. A comunidade internacional começou a despertar para a situação real de que casos graves de exploração de seres humanos por outras pessoas eram generalizados e provavelmente crescentes.

ESCRAVIDÃO

A Declaração Universal não foi a primeira vez em que a comunidade internacional condenou a escravidão. Escravidão e tráfico de escravos estavam entre as primeiras questões de direitos humanos a ganhar atenção após o estabelecimento da Liga das Nações, subsequente à Primeira Guerra Mundial. A Liga adotou a Convenção sobre a Escravatura em 1926, que define escravidão como "o estado ou condição de um indivíduo sobre o qual se exercem, total ou parcialmente, os atributos do direito de propriedade". O artigo 2º da Convenção demandava aos Estados-parte o compromisso para impedir e reprimir o tráfico de escravos e promover, logo que possível, a abolição completa da escravidão em todas as suas formas. O artigo 5º distingue escravidão de trabalho forçado, afirmando que "o trabalho forçado ou obrigatório somente pode ser exigido para fins públicos" e demanda o comprometimento dos Estados-parte para "evitar que o trabalho forçado ou obrigatório produza condições análogas à escravidão".

Enquanto a Convenção sobre a Escravatura exigia a abolição da escravidão "progressivamente e logo que possível", a Declaração Universal adotada em 1948 deixa claro que os Estados não poderiam tolerar escravidão ou servidão sob qualquer forma. A Corte

Internacional de Justiça identifica a proteção contra a escravidão como uma obrigação devida de um Estado perante a comunidade internacional como um todo, enquanto a Comissão de Inquérito da Organização Internacional do Trabalho (OIT) observou, em 1998, que "existe atualmente no direito internacional uma norma peremptória proibindo qualquer recurso ao trabalho forçado e que o direito a não ser compelido a realizar trabalho forçado ou obrigatório é um dos direitos humanos básicos".

TRABALHO FORÇADO

Em 1930, a OIT adotou a Convenção nº 29 concernente ao Trabalho Forçado, procurando regulamentar o uso de trabalho forçado por autoridades governamentais, ao invés de aboli-lo. O termo "trabalho forçado ou obrigatório" foi definido nessa convenção como "todo trabalho ou serviço exigido de um indivíduo sob ameaça de qualquer penalidade e para o qual ele não se ofereceu de espontânea vontade". Entre os anos 1920 e 1970, houve uma clara delimitação entre escravidão (envolvendo exploração por indivíduos privados, independentemente de a escravidão ser permitida pelas autoridades do país em questão) e trabalho forçado, que envolvia, por sua vez, oficiais de governo exigindo que indivíduos trabalhassem. A Liga das Nações, num primeiro momento, e depois as Nações Unidas responderam aos problemas relacionados à escravidão, enquanto a OIT teve como foco o trabalho forçado.

A Declaração Universal não inclui nenhuma referência explícita ao trabalho forçado. Contudo, a primeira convenção regional de Direitos Humanos, a Convenção para a Proteção dos Direitos do Homem e das Liberdades Fundamentais (1950), do Conselho da Europa, repetiu a proibição à escravidão e à servidão da Declaração Universal, mas também proibiu o trabalho forçado, especificando quatro circunstâncias restritas nas quais os Estados estavam autorizados a forçar pessoas a trabalhar. Após afirmar que "ninguém pode ser constrangido a realizar um trabalho forçado ou obrigatório", o artigo 4º da Convenção do Conselho da Europa especifica que:

> Não será considerado "trabalho forçado ou obrigatório" no sentido do presente artigo:
>
> a. Qualquer trabalho exigido normalmente a uma pessoa submetida à detenção nas condições previstas pelo artigo 5º da presente Convenção, ou enquanto estiver em liberdade condicional;
>
> b. Qualquer serviço de caráter militar ou, no caso de objetores de consciência, nos países em que a objeção de consciência for reconhecida como legítima, qualquer outro serviço que substitua o serviço militar obrigatório;
>
> c. Qualquer serviço exigido no caso de crise ou de calamidade que ameacem a vida ou o bem-estar da comunidade;
>
> d. Qualquer trabalho ou serviço que fizer parte das obrigações cívicas normais.

Em 1966, a Assembleia Geral das Nações Unidas adotou o Pacto Internacional dos Direitos Civis e Políticos, que também estipula que "ninguém poderá ser obrigado a executar trabalhos forçados ou obrigatórios" e se refere às mesmas quatro circunstâncias em que seria justificável às autoridades de governo forçar pessoas a trabalharem.

A OIT adotou uma segunda convenção, em 1957, com foco em trabalho forçado imposto por autoridades governamentais, proibindo o uso de trabalho forçado para trabalhos públicos (Convenção da OIT nº 105 sobre Abolição do Trabalho Forçado). Contudo, na década de 1980, seu organismo de monitoramento de tratados, o Comitê de Especialistas na Aplicação de

Convenções e Recomendações, começou a interpretar casos em que trabalhadores eram forçados a permanecer em seus empregos por empregadores privados (em vez de autoridades públicas) como trabalho forçado. Isso deu início ao processo de redefinição do uso dos termos em relação à exploração econômica em geral.

SERVIDÃO

Depois da Segunda Guerra Mundial e das atrocidades cometidas contra trabalhadores forçados na Alemanha, no Japão e outras localidades, parecia uma prioridade para a Declaração Universal proibir formas inaceitáveis de exploração, ainda que ela não atentasse muito para como os governos deveriam tornar essa proibição uma realidade, ou mesmo como deveriam proteger e assistir pessoas que foram submetidas ao trabalho escravo. No processo de elaboração da Declaração, a segunda sessão da Comissão das Nações Unidas para Direitos Humanos incluiu um artigo dizendo que "a escravidão, sob todas suas formas, sendo inconsistente com a dignidade humana, deve ser proibida por lei". Integrantes do grupo de elaboração esperavam que o artigo na Declaração fosse "cobrir o tráfico de mulheres, incluindo servidão involuntária e trabalho forçado". O termo "servidão involuntária" se originou da 13ª emenda à Constituição dos Estados Unidos (1865), que aboliu a escravidão após a Guerra Civil americana.

Essa proposta foi remetida à Terceira Comissão da Assembleia Geral da ONU, na qual o representante australiano registrou sua objeção, observando que "após consulta ao *Dicionário Oxford*, ele concluiu que seria mais recomendável omitir a palavra 'involuntária' após 'servidão' no texto em inglês". Em seguida, juntou-se a ele uma voz mais influente, a de René Cassin, representante da França e um dos primeiros redatores da proposta da Declaração Universal. Ele comentou a respeito das razões para adicionar a referência à "servidão", mas fez notar suas reservas sobre a palavra "involuntária" que a qualificava:

> A Comissão de Direitos Humanos considerou necessário incluir uma formulação que abarcaria formas indiretas e dissimuladas de escravidão. A palavra "servidão" foi utilizada para abordar aspectos como o tratamento dado pelos nazistas para seus prisioneiros de guerra e o tráfico de mulheres e crianças. Em francês, o termo *"servitude volontaire"* não possui significado algum.

Foi colocada em votação a manutenção ou não da palavra "involuntária" para se referir à servidão, decidindo-se por sua exclusão. Isso acabou por dissociar a conexão com a jurisprudência nos Estados Unidos concernente à servidão involuntária e contribuiu para que o termo "servidão" e as práticas que ele abarcava parecessem vagos.

Para determinar se a comunidade internacional deveria tomar medidas adicionais para combater a escravidão e o tráfico de escravos, como também para preencher a lacuna no direito internacional em relação ao que constitui servidão, a ONU estabeleceu um comitê *ad hoc* sobre a escravidão, em 1949. Alguns anos mais tarde, o comitê foi estabelecido especificamente para formular uma Convenção Suplementar sobre Escravidão e Servidão. O Reino Unido propôs a elaboração dessa nova convenção em 1954, referindo-se explicitamente à "servidão". Contudo, no ano seguinte, o país sinalizou que havia mudado de ideia e queria excluir a referência à "servidão", substituindo-a pela frase "instituições e práticas análogas à escravidão" e "condição servil", termos que, infelizmente, causam confusão ainda hoje.

Servidores imperiais civis no Reino Unido haviam percebido que o fraseamento da Declaração Universal

37

("Ninguém será mantido em escravidão ou servidão") demandava a tomada de medidas imediatas para frear casos de servidão – algo considerado pouco benéfico para sua causa (a manutenção da dominação colonial britânica em vários emirados do Golfo, nos quais persistiam escravidão ou servidão). Como resultado, em 1956, a ONU adotou a Convenção Suplementar sobre Abolição da Escravatura, do Tráfico de Escravos e das Instituições e Práticas Análogas à Escravatura. Ao invés de introduzir uma proibição imediata para as referidas instituições e práticas, essa Convenção demanda dos Estados-parte que tomem "todas as medidas, legislativas e de outra natureza, que sejam viáveis e necessárias, para obter progressivamente e logo que possível sua abolição completa ou o abandono".

As quatro instituições e práticas definidas pela Convenção Suplementar são servidão por dívida (*debt bondage*), servidão (*serfdom*), três categorias de casamento forçado e um modo de exploração de crianças que posteriormente se tornou conhecido como "venda de crianças".

A servidão por dívida foi comum no sul da Ásia (conhecida como "*bonded labour*" em Bangladesh, Índia, Nepal e Paquistão) durante o período de domínio colonial – e ainda o é hoje. Também é comum entre imigrantes por todo o globo que tomam empréstimos para financiar sua migração, sendo obrigados a pagá-los de volta com taxas de juros exorbitantes. Ela foi definida como

> o estado ou a condição resultante do fato de que um devedor seja comprometido a fornecer, em garantia de uma dívida, seus serviços pessoais ou os de alguém sobre o qual tenha autoridade, se o valor desses serviços não for equitativamente avaliado no ato da liquidação da dívida ou se a duração desses serviços não for limitada nem sua natureza definida.

Por sua vez, servidão foi definida como

> a condição de qualquer um que seja obrigado pela lei, pelo costume ou por um acordo, a viver e trabalhar numa terra pertencente à outra pessoa e a fornecer a essa outra pessoa, contra remuneração ou gratuitamente, determinados serviços, sem poder mudar sua condição.

Bem menos casos foram encontrados dentro dessa categoria em comparação com a servidão por dívida.

A categoria de exploração infantil proibida pela Convenção Suplementar refere-se a crianças que eram entregues por seus pais para serem exploradas por outra pessoa (uma prática cultural conhecida como "falsa adoção" estava por trás desse conceito, em que crianças pequenas eram nominalmente adotadas por uma família, embora, na prática, fossem exploradas como servos). Em geral, essa categoria é conhecida como "venda de crianças" e foi desenvolvida com maior profundidade no Protocolo Facultativo à Convenção da ONU sobre os Direitos da Criança Referente à Venda de Crianças, à Prostituição Infantil e à Pornografia Infantil (2000).

As cláusulas relacionadas ao casamento eram as mais controversas na Convenção Suplementar, exigindo a erradicação de três práticas:

a. "Uma mulher é, sem que tenha o direito de recusa, prometida ou dada em casamento, mediante remuneração em dinheiro ou espécie entregue a seus pais, tutor, família ou a qualquer outra pessoa ou grupo de pessoas".
b. "O marido de uma mulher, a família ou clã deste têm o direito de cedê-la a um terceiro, a título oneroso ou não."
c. "A mulher pode, por morte do marido, ser transmitida por sucessão a outra pessoa".

O primeiro desses itens gerou divergências entre antropólogos sociais que, temendo que os pagamentos da chamada "riqueza da noiva" (*bridewealth*) (feitos pelos noivos na África subsaariana para as famílias das noivas) estivessem sendo interpretados como compra de esposas, contestaram essa interpretação numa série de publicações nos anos 1950 e 1960. As cláusulas da Convenção Suplementar referentes ao casamento e às três outras instituições e práticas similares à escravidão não resultaram em propostas ou implementação de novas leis em muitos países. A ONU adotou outras medidas para acabar com o casamento infantil na Convenção sobre a Eliminação de Todas as Formas de Discriminação contra a Mulher (1979), que estabelece, no artigo 16, que

> os esponsais e o casamento de uma criança não terão efeito legal e todas as medidas necessárias, inclusive as de caráter legislativo, serão adotadas para estabelecer uma idade mínima para o casamento, e para tornar obrigatória a inscrição de casamentos em registro oficial.

A CONVENÇÃO AMERICANA E OUTRAS CONVENÇÕES REGIONAIS

A Convenção para a Proteção dos Direitos do Homem e das Liberdades Fundamentais (1950) do Conselho da Europa reiterou a proibição da escravidão e da servidão da Declaração Universal e também proibiu o trabalho forçado. A Convenção Americana de Direitos Humanos (1969) garantiu que "ninguém pode ser submetido à escravidão ou à servidão, e tanto estas como o tráfico de escravos e o tráfico de mulheres são proibidos em todas as suas formas" (artigo 6.1) e ainda que "ninguém deve ser constrangido a executar trabalho forçado ou obrigatório" (artigo 6.2).

Após debates em 1948, na ONU, a respeito da diferença entre "servidão" e "servidão involuntária", a Convenção Americana resolveu a questão utilizando o termo "*involuntary servitude*" – preferido pelos Estados Unidos – na versão em inglês e "*servidumbre*" (servidão) na versão em espanhol (embora uma versão mencionasse "*servidumbre involuntaria*"). Boa parte das discussões sobre a proposta do artigo focava na natureza do trabalho forçado, mas uma menção ao tráfico de mulheres foi adicionada por sugestão de um grupo de quatro países (Argentina, Guatemala, Honduras e Costa Rica), ao qual se pediu que mantivesse o foco de sua atenção no artigo. Foi necessária quase uma década (até 1978) para que a Convenção Americana fosse ratificada por um número suficiente de Estados da Organização dos Estados Americanos (OEA) e entrasse em vigor.

A Carta Africana dos Direitos Humanos e dos Povos (1981) da Organização da Unidade Africana (OUA) incluiu uma cláusula ampla, cobrindo escravidão e "todas as formas de exploração e de aviltamento do homem", que não contém referências explícitas a servidão, trabalho forçado ou tráfico de pessoas. A Declaração de Direitos Humanos da Associação de Nações do Sudeste Asiático (Asean, em inglês) afirma que "nenhuma pessoa deve ser submetida à servidão ou escravidão de forma alguma, ou ao tráfico de pessoas, inclusive para o propósito de tráfico de órgãos".

TRÁFICO DE PESSOAS

A outra convenção da ONU que lida com a questão da exploração de pessoas, além da Convenção Suplementar, foi adotada alguns anos após o fim da Segunda Guerra Mundial:

41

a Convenção para a Repressão do Tráfico de Pessoas e do Lenocínio (1949). Esse foi o último de uma série de instrumentos destinados a desencorajar o que ficou conhecido como o "comércio de escravos brancos" (recrutamento para prostituição), tornando crime o ato de obter sustento através dos ganhos de uma pessoa que se prostitui (isto é, por meio da cafetinagem ou do aluguel de acomodações utilizadas para entreter clientes pagando por sexo).

Contudo, quase meio século mais tarde, um novo instrumento internacional foi adotado. Ele continha uma definição significativamente diferente (e mais ampla) do tráfico de pessoas, dando seguimento às discussões sobre a natureza do tráfico de pessoas, realizadas nos anos 1990 na Assembleia Geral da ONU e em sua Comissão de Direitos Humanos (bem como na Subcomissão de Direitos Humanos e seu Grupo de Trabalho sobre Formas Contemporâneas de Escravidão, estabelecido na década de 1970). Por fim, uma nova definição apareceu num protocolo dedicado a barrar a criminalidade em vez de proteger os direitos humanos – o Protocolo Adicional relativo à Prevenção, Repressão e Punição do Tráfico de Pessoas, em Especial Mulheres e Crianças (2000), complementando a Convenção das Nações Unidas contra o Crime Organizado Transnacional (2000).

A definição é complexa, contendo ao menos dois elementos (primeiro, uma ação cometida por alguém, como o aliciamento e o transporte de vítimas; segundo, a existência de um propósito para explorar a pessoa) e um terceiro para casos envolvendo pessoas adultas traficadas (um meio abusivo ou violento utilizado para cometer a ação de tráfico).

Ao enfatizar o tráfico de pessoas como um crime, o Protocolo de Palermo, como ficou conhecido o Protocolo Adicional, acabou dando pouca atenção à proteção das pessoas traficadas e à prevenção. Isso também livrou os governos de analisar os efeitos de suas leis e políticas nos mais variados âmbitos, como economia, migração, indústria do sexo comercial e discriminação, embora se soubesse já nos anos 1990 que cada um desses itens desempenha um papel em fazer com que algumas pessoas sejam desproporcionalmente vulneráveis à exploração.

Uma definição similar à da ONU foi adotada pela Europa para se referir ao "tráfico de seres humanos" na Convenção do Conselho da Europa Relativa à Luta contra o Tráfico de Seres Humanos (2005). A maior parte das convenções regionais recentes tem aplicado a mesma definição.

NOVAS INTERPRETAÇÕES SOBRE O QUE CONSTITUI ESCRAVIDÃO

Na década de 1950, dois conflitos armados – a guerra colonial da França contra a independência na Argélia e um conflito no Iêmen, contrapondo Egito e Arábia Saudita – foram marcados por trocas de acusações de escravidão entre uma parte e outra, com os acusadores reivindicando para si a superioridade moral. Depois que a Arábia Saudita aboliu a escravidão como prática lícita em 1962, esta deixou de ser um ponto de discórdia até os anos 1990, período em que houve uma pausa nos esforços da ONU e da OIT para enfrentar escravidão e trabalho forçado.

A OIT desenvolveu uma convenção sobre trabalho infantil em 1973, entretanto, o documento essencialmente consolida uma série de convenções separadas da organização que buscavam proibir crianças em países industrializados de se envolverem com determinados trabalhos antes de atingir uma idade mínima. Ou seja, não se tratava de uma iniciativa nova para reduzir a exploração de crianças em países em desenvolvimento.

43

Na década de 1970, a ONU estabeleceu um Grupo de Trabalho sobre Escravidão para analisar relatos dessa prática. A maioria dos inicialmente submetidos aos cinco membros da Subcomissão sobre Promoção e Proteção dos Direitos Humanos que integravam o Grupo de Trabalho dizia respeito a casos históricos de escravidão – assim, sua denominação foi alterada para "Grupo de Trabalho sobre Formas Contemporâneas de Escravidão". A Subcomissão da ONU também apontou um Relator Especial, Benjamin Whitaker, para examinar se a escravidão ainda era um tema atual. Ele reportou, em 1982, que "embora a escravidão no sentido tradicional não mais persista num nível significativo, a predominância de diversos tipos de práticas análogas à escravidão continua inalterada".

Nos anos 1960 e 1970, o uso de trabalho forçado "em benefício de indivíduos privados" ainda não era objeto de atenção substancial da OIT. Contudo, na década de 1980, o organismo de monitoramento de tratados da organização começou a chamar atenção para uma variedade mais ampla de tipos de exploração de trabalho forçado, condenando casos que envolviam exploração por empregadores privados, mas também governos ou autoridades governamentais.

Numa tentativa de reconciliar a terminologia de trabalho forçado utilizada pela OIT com as preocupações do século XXI sobre tráfico de pessoas, ela adotou, em 2014, o Protocolo Adicional sobre Trabalho Forçado. O documento reafirma a definição de trabalho forçado existente na Convenção da OIT de 1930, mas também reconhece que

> o contexto e as formas de trabalho forçado ou obrigatório mudaram, e que o tráfico de pessoas para trabalho forçado ou obrigatório, que pode envolver exploração sexual, suscita crescente preocupação internacional e requer ações urgentes para sua eliminação efetiva.

Diferentemente dos instrumentos internacionais anteriores sobre escravidão, servidão, trabalho forçado e tráfico de pessoas, que continham poucas disposições sobre assistência a pessoas que estavam deixando situações de exploração (impondo apenas uma obrigação explícita no caso de vítimas crianças no artigo 39 da Convenção sobre os Direitos da Criança), o artigo 9 do Protocolo sobre Trabalho Forçado é bem menos ambíguo: "Membros devem tomar as medidas de proteção mais efetivas para corresponder às necessidades de todas as vítimas, tanto para assistência imediata quanto para recuperação e reabilitação de longo prazo" – embora o texto ainda note que as "circunstâncias nacionais" de um Estado podem ser levadas em consideração para que ele cumpra suas obrigações perante o artigo. Em agosto de 2018, o Protocolo da OIT estava em vigor em 25 países. Na região das Américas, esse número inclui apenas Argentina, Jamaica e Panamá.

Na década de 1990, qualquer suposição persistente no mundo ocidental de que escravidão ou práticas análogas à escravidão eram uma relíquia do passado desapareceu quando foram revelados crimes que continham todas as características da escravidão nas guerras da antiga Iugoslávia. Esse fato assegurou que crimes relacionados à escravidão fossem listados no Estatuto de Roma do Tribunal Penal Internacional (1998), confirmando a mesma definição de 1926 para os termos "escravidão" e "escravização", e adicionando que poderiam se referir, ainda, a situações de tráfico de pessoas. O artigo 7 (item 2) do Estatuto define "escravidão" como

> o exercício, relativamente a uma pessoa, de um poder ou de um conjunto de poderes que traduzam um direito de propriedade sobre uma pessoa, incluindo o exercício desse poder no âmbito do tráfico de pessoas, em particular mulheres e crianças.

Após meio século, durante o qual os defensores de direitos humanos ocidentais dedicaram pouca atenção à escravidão ou à servidão e poucos casos chegaram à justiça, o século XXI trouxe uma série de casos assim, confirmando a relevância contínua do artigo 4º da Declaração Universal. Fora do Ocidente, contudo, a litigância de interesse público já atingira importantes resultados no sul da Ásia – primeiro na Índia, em resposta à Petição Writ de 1982 e, depois, no Paquistão, em resposta a uma petição semelhante em 1988. O governo da Índia adotou a legislação, banindo o chamado *"bonded labour"* na metade dos anos 1970, mas o julgamento de 1984 da Suprema Corte (Bandhua Mukti Morcha *versus* Union of India) foi importante não apenas para determinar como autoridades públicas deveriam responder a relatos de trabalho forçado, mas também para afirmar os direitos dos trabalhadores nessa situação. No Paquistão, uma petição de um grupo de trabalhadores de olaria levou a uma decisão da Suprema Corte segundo a qual o trabalho forçado (*bonded labour*) era inconstitucional (Darshan Masih alias Rehmatay and others *versus* The State, 1989). Isso levou o governo a aprovar, em 1992, uma lei proibindo esse tipo de trabalho.

A maioria dos casos-chave no século XXI passou por tribunais regionais ou internacionais. Em 2001, o Tribunal Penal Internacional para a antiga Iugoslávia publicou sua decisão sobre o caso Kunarac, que incluía "escravização" entre as acusações. Mulheres mantidas em alojamentos privados eram forçadas a cozinhar, limpar e realizar serviços sexuais para soldados sérvios. O Tribunal Europeu de Direitos Humanos emitiu um juízo, em 2005, sobre circunstâncias um tanto diferentes envolvendo uma jovem imigrante do Togo, Henriette Siwa-Akofa Siliadin, que era trabalhadora doméstica e vivia na mesma casa em que trabalhava, confirmando que ela fora submetida à servidão na França durante os anos 1990 (Siliadin *versus* France, 2005). O tribunal concluiu que as leis francesas sobre servidão eram demasiado vagas e que as penalidades impostas ao casal que havia explorado a jovem eram muito lenientes, sobretudo porque ela tinha menos de 18 anos nos dois primeiros anos em que fora explorada.

Alguns dos julgamentos que aconteceram também foram respostas a conflitos armados marcados por atos de extrema crueldade. O Tribunal Especial para Serra Leoa condenou três homens, em 2009, por crimes contra a humanidade relativos à escravidão sexual e casamento forçado como um ato desumano (Prosecutor *versus* Sesay, Kallon and Gbao, 2009). Outros casos abordaram formas de exploração há muito estabelecidas ou padrões recentes envolvendo imigrantes. Em 2008, num caso do tribunal da Comunidade Econômica dos Estados da África Ocidental (Cedeao, ou Ecowas, em inglês), o tribunal decidiu que o Níger não havia tomado medidas adequadas para assegurar a libertação de uma mulher submetida à servidão – um caso ligado à escravidão tradicional (Hadijatou Mani Koraou *versus* Niger, 2008).

O Tribunal Europeu de Direitos Humanos condenou o Chipre e a Rússia num caso envolvendo uma mulher aliciada na Rússia para fins de prostituição no Chipre, e que foi assassinada (ou morreu) enquanto lá estava (Rantsev *versus* Cyprus and Russia, 2009). Nesse caso de tráfico de pessoas, o Tribunal Europeu constatou que os Estados têm a obrigação de investigar independentemente de a vítima (ou seus familiares ou representantes) ter ou não feito uma queixa formal. Ele também constatou que as autoridades russas não haviam conduzido investigação alguma e, consequentemente, condenou-as por violar sua obrigação processual de investigar suposto tráfico conforme artigo 4º da Convenção Europeia de Direitos Humanos.

O QUE AINDA PRECISA SER FEITO

Apesar de todos esses julgamentos em cortes e tribunais, ao apresentar seu relatório ao Conselho de Direitos Humanos da ONU, em 2017, a Relatora Especial para Formas Contemporâneas de Escravidão – pessoa responsável por comunicar ao Conselho casos relacionados ao tema – descreveu uma série de obstáculos que continuam a impedir o acesso à justiça para vítimas de escravidão, práticas análogas à escravidão, servidão e trabalho escravo. Ela afirmou que, dentre eles, estão a discriminação (particularmente contra pessoas consideradas de castas "baixas", indígenas e outros grupos de minorias em direitos, e também imigrantes) e a falta de confiança nos sistemas judiciais penais.

Após uma série de julgamentos que enfatizavam as obrigações dos Estados em fortalecer respostas legais a crimes relacionados à escravidão, servidão, trabalho forçado ou tráfico de pessoas, um juízo da Corte Interamericana de Direitos Humanos, em 2016, sobre um caso brasileiro envolvendo trabalhadores explorados numa fazenda isolada na região da Amazônia, enfatizou que medidas preventivas os Estados devem tomar (nesse caso, para efetivar o artigo 6º da Convenção Americana de Direitos Humanos).

> Conclui-se que os Estados devem adotar medidas integrais para cumprir a devida diligência em casos de servidão, escravidão, tráfico de pessoas e trabalho forçado. Em particular, os Estados devem contar com um marco jurídico de proteção adequado, com uma aplicação efetiva do mesmo, e políticas de prevenção e práticas que permitam atuar de maneira eficaz diante de denúncias. A estratégia de prevenção deve ser integral, isto é, deve prevenir os fatores de risco

e também fortalecer as instituições para que possam proporcionar uma resposta efetiva ao fenômeno da escravidão contemporânea. Além disso, os Estados devem adotar medidas preventivas em casos específicos nos quais é evidente que determinados grupos de pessoas podem ser vítimas de tráfico ou de escravidão.

No mesmo ano, a Relatora Especial da ONU chamou atenção para a variedade de medidas que os Estados têm obrigação de tomar para prevenir servidão por dívida, além das obrigações de aprovar leis sobre essa prática análoga à escravidão e forma de trabalho forçado em particular, devendo identificar qualquer pessoa submetida a isso, fornecer a ela proteção em curto prazo, reabilitação em longo prazo e assegurar que as vítimas tenham acesso à justiça e a compensações.

> Os Estados têm obrigação de prevenir servidão por meio da prevenção à discriminação, da regulamentação dos salários, do cumprimento da legislação trabalhista e da regulamentação das práticas de recrutamento e por meio da proteção às pessoas em situação de servidão por dívida contra violações no contexto de atividades comerciais.

Após décadas de interpretações redutivas pelos juristas, exigindo pouco mais do que a abolição formal da escravidão, com o aniversário de 70 anos da Declaração Universal, em 2018, e o 50º aniversário da Convenção Americana, em 2019, seus artigos sobre escravidão e servidão são finalmente reconhecidos por impor obrigações bem mais amplas aos Estados para prevenir escravidão, práticas análogas à escravidão, servidão, trabalho forçado e tráfico de pessoas, bem como para proteger todas as pessoas dessas formas de abuso e violência, particularmente pela adoção e implantação de um arcabouço jurídico adequado.

49

Em vez de redundante, parece que muitos governos ainda têm um longo caminho a percorrer para alinhar sua legislação e suas políticas com o direito internacional. Portanto, é uma ironia que, desde a adoção do Protocolo da ONU contra o tráfico de pessoas em 2000, ao considerar a necessidade de mais medidas proativas por parte dos Estados, tem-se enfatizado aquelas referentes ao julgamento de traficantes individuais e emendas à legislação para tanto, em vez de priorizar prevenção, proteção e assistência a pessoas adultas e crianças que foram submetidas a qualquer uma dessas formas de exploração. A Corte Interamericana de Direitos Humanos abriu um caminho claro para outros tribunais regionais de Direitos Humanos (juntamente com especialistas individuais com mandatos estabelecidos pelo Conselho de Direitos Humanos da ONU) ao enfatizar as obrigações positivas dos Estados quando se avalia se estes têm atuado com a diligência necessária para manter a abolição da escravidão e da servidão.

Referências bibliográficas

ALLAIN, J. *The Slavery Conventions*: the Travaux Préparatoires of the 1926 League of Nations Convention and the 1956 United Nations Convention. The Hague: Martinus Nijhoff, 2008.

BANDHUA MUKTI Morcha vs Union of India & Others on 16 December, 1983. Disponível em: <http://indiankanoon.org/doc/595099/>. Acesso em: 22 dez. 2015.

BHOOLA, U. Report of the Special Rapporteur on Contemporary Forms of Slavery, Including its Causes and Consequences. UN Document A/HRC/33/46, 4 de julho de 2016.

_____. Report of the Special Rapporteur on Contemporary Forms of Slavery, Including its Causes and Consequences. UN Document A/HRC/36/43, 02 ago. de 2017.

BARCELONA TRACTION, Light and Power Co, Ltd. (Belgium v Spain) [1971] (International Court of Justice).

CASO TRABALHADORES da Fazenda Brasil Verde vs. Brasil. Para 320. Corte Interamericana de Direitos Humanos, 2016.

CEDEAO, E. and Justice, C. CEDEAO, Cour de justice, 27 octobre 2008, ECW/CCJ/JUD/06/08. Disponível em: <http://www.juricaf.org/arret/CEDEAO-COURDEJUSTICE-20081027-ECWCCJJUD0608>. Acesso em: 8 fev. 2016.

CONVENÇÃO DA OIT sobre Abolição do Trabalho Forçado (n° 105). (1957). Genebra: OIT. Disponível em português em: <https://www.ilo.org/brasilia/convencoes/WCMS_235195/lang--pt/index.htm>. Acesso em: 26 out. 2018.

DARSHAN MASIH alias Rehmatay and others v The State. PLD 1990 SC 513. Supremo Tribunal do Paquistão, 1989.

FORCED LABOUR in Myanmar (Burma) Report of the Commission of Inquiry Appointed under Article 26 of the Constitution of the ILO to Examine the Observance by Myanmar of the Forced Labour Convention, 1930 (n. 29). Geneva: International Labour Organization, 1998.

HADIJATOU MANI Koraou v Niger. ECW/CCJ/JUD/06/08. Comunidade Econômica dos Estados da África Ocidental, 2008.

ILO COMMITTEE of Experts on the Application of Conventions and Recommendations, General Survey concerning the Forced Labour Convention (n. 29). Geneva: ILO, 1930.

International Criminal Tribunal for the Former Yugoslavia. (2001). Prosecutor v Dragoljub Kunarac, Radomir Kovac and Zoran Vukovic, IT-96-23 and IT-96-23/1, Judgement of 22 February 2001. Disponível em: <http://www.icty.org/x/cases/kunarac/tjug/en/kun-tj010222e.pdf>. Acesso em: 5 jan. 2016.

INTERNATIONAL Criminal Tribunal for the Former Yugoslavia. (2002). Prosecutor v Dragoljub Kunarac, Radomir Kovac and Zoran Vukovic, IT-96-23 and IT-96-23/1, Judgement of 12 June 2002. Disponível em: <http://www.icty.org/x/cases/kunarac/acjug/en/kun-aj020612e.pdf>. Acesso em: 5 jan. 2016.

MAIR, L. *African Marriage and Social Change*. London: Frank Cass, 1969.

PROSECUTOR v Sesay, Kallon and Gbao. SCSL-04-15-T. Special Court for Sierra Leone, Trial Chamber I, 2009.

RANTSEV v Cyprus and Russia. 25965/04. Corte Europeia de Direitos Humanos, 2009.

SILIADIN v France. 73316/01 545. Corte Europeia de Direitos Humanos, 2005.

UN.ORG. United Nations Official Document, 1948. Disponível em: <http://www.un.org/en/ga/search/view_doc.asp?symbol=A/C.3/SR.110>. Acesso em: 31 dez. 2016.

WHITAKER, B. Slavery. Doc. E/CN.4/Sub.2/1982/20/Rev.1. New York: United Nations, 1984.

Tradução: Marília Ramos

O TRABALHO ESCRAVO APÓS A LEI ÁUREA

RICARDO REZENDE FIGUEIRA

A Lei Áurea, sancionada em maio de 1888 pela princesa Isabel, não foi capaz de impedir a existência do trabalho escravo contemporâneo, que chegou a coexistir com a escravidão colonial e imperial no Brasil. Este capítulo levará em conta, num primeiro momento, o período entre a promulgação da lei abolicionista e a Segunda Grande Guerra – tratando especialmente da extração do caucho (látex) na Amazônia e, no momento seguinte, o processo de ocupação de espaço na Amazônia pela Superintendência de Desenvolvimento da Amazônia (Sudam). Nesse último período, o tema do trabalho escravo contemporâneo não era discutido, salvo em espaços reduzidos de organizações sociais, e não havia uma política pública para combate ao crime, apesar de sua incidência.

A ESCRAVIDÃO ILEGAL É DIVERSA E ANTIGA

A escravidão é diversa de um país para outro, dentro do mesmo país e ao longo da história. Em comum, existe o pressuposto de tratar o outro como coisa, como objeto. O fenômeno existiu na América e na África antes dos europeus chegarem, mas estes ampliaram a sua prática e lucraram com ela. Considerada legal em determinadas circunstâncias, teve curta ou longa duração; serviu para atividades domésticas, extração de minérios, desenvolvimento da agricultura; construção de casas, palácios, igrejas e fortificações; para serviços sexuais; variou de intensidade, forma e de pretextos, como a guerra, a etnia, a religião e a dívida. No Brasil, o trabalho escravo atingiu ameríndios, africanos, asiáticos e até os aparentemente improváveis europeus, seja na sua forma colonial e imperial, seja na sua forma contemporânea.

Imigrantes italianos, espanhóis, portugueses, alemães, japoneses e, em menor número, chineses chegaram ao país entre os séculos XIX e XX. Boa parte veio, como escreveu Darcy Ribeiro sobre os europeus, tangida pela força ou pela necessidade. Vieram não para desenvolver um projeto próprio, mas para um projeto do outro. Ribeiro suspeitava que chegaram ao Brasil, nos navios "tumbeiros", mais de "dez milhões" de africanos. E, em torno de "oito milhões de brancos foram recrutados quando o europeu, no século retrasado, se converteu também em gado humano exportável para as plantações brasileiras". Como gado, porque não tinham opção, nem vontade, numa Europa em que a desigualdade provocava para uns riqueza e para outros miséria. Chegando aqui, acabaram na servidão por dívida ou mantidos cativos por meio da violência.

Além das levas de escravizados "legalmente" desde o século XVI, chegaram ilegalmente ao país, entre 1831 e 1850, sob o olhar indiferente das autoridades, por volta de 750 mil africanos. Eles e seus descendentes foram vendidos e submetidos ao trabalho forçado em fazendas e cidades.

No século XXI, a jornalista Dina Yafasova descreveu no livro *Diário de Sandholm* sua fuga do Uzbequistão e a dolorosa reivindicação de direito como refugiada na Dinamarca. Ela revelou também que homens e mulheres eram escravizados em seu país, aliciados "com promessas de um futuro dourado no cultivo de tabaco, abandonados à sobrevivência com salários de fome; pacientes com câncer, com a pele toda pálida; e o primeiro-ministro de bochecha redonda, que dava luz verde a vários investidores de tabaco". Tratava-se de uma escravidão ao arrepio da lei, com apoio estatal, através das mais importantes autoridades.

O drama no século XXI, de fato, não se restringe ao Brasil ou ao Uzbequistão, mas se encontra em países centrais, periféricos e semiperiféricos. E sobre isso há publicações e estudos. No Brasil, cresce o número de pesquisadores sobre o tema e chamam atenção as ações da sociedade civil e a implementação de políticas públicas de enfrentamento ao problema. Mas nem sempre foi assim e não significa que continuará. A história é cheia de idas e vindas e os retrocessos sempre podem acontecer.

Como prevê o artigo 243 da Constituição Federal, a escravidão, ou o trabalho análogo ao de escravo, como previsto no artigo 149 do Código Penal Brasileiro, não era uma preocupação em estudos acadêmicos no país até meados dos anos 1980. Passava distante ou vinha sob outras denominações como "peonagem" ou "morada". Uma ou outra vez, timidamente, em linguagem oscilante de "semiescravo" ou "parece escravo", trabalho "humilhado" ou "cativo".

A escravidão é uma das violações dos direitos humanos mais repulsivas. O escritor Norberto Bobbio afirma que existe um "valor absoluto" que cabe a poucos direitos humanos, um "estatuto privilegiado", "que se verifica muito raramente, é a situação na qual existem direitos fundamentais que não estão em concorrência

55

com outros direitos igualmente fundamentais". Bobbio poderia incluir no seu argumento o fato de que a Convenção Americana, no artigo 27, enumerou as circunstâncias de suspensão de garantias de direitos, como a guerra ou outra emergência. Mas previu no seu inciso 2º que nem tais circunstâncias autorizavam "a suspensão dos direitos determinados", nem a suspensão "das garantias indispensáveis à proteção" prevista, não em dois artigos, como na Convenção Europeia, mas em dez (incluindo os dois da Europeia, o direito à integridade pessoal, no artigo 5, e a proibição da escravidão e servidão, no artigo 6). Assim, a proibição da escravidão (artigo 27, inciso 2º) "forma parte do núcleo inderrogável de direitos, pois não pode ser suspensa em nenhuma circunstância", recordou a Corte Interamericana de Direitos Humanos em sentença contra o Brasil no caso da fazenda Brasil Verde.

ABOLIÇÃO PELA METADE: O CICLO DA BORRACHA NO BRASIL

Na Amazônia, no final do século XIX, começou um período conhecido como ciclo da extração da borracha vegetal, em função da abundância de árvores gomíferas nativas e do preço internacional alcançado pelo produto. A atividade da extração atraiu milhares de pessoas, brasileiras e quíchuas – estas vindas das cordilheiras –, empurradas de seus lugares de moradia pela necessidade e atraídas pela esperança de uma vida melhor, num sistema econômico conhecido como "de aviamento". Para atender brasileiros e bolivianos na exportação do caucho vegetal e no transporte de outros produtos até o Atlântico, foi construída a estrada de ferro Madeira-Mamoré, em Rondônia, ligando o rio Madeira ao rio Mamoré. Nesse período, milhares de trabalhadores que serviram de mão de obra para a construção da ferrovia morreram em decorrência de doenças tropicais, como a malária. Por conta disso, ela ficou conhecida como "ferrovia da morte".

O tráfico de pessoas para as relações de trabalho nos seringais se dava na relação entre a necessidade e a promessa. Uma vez deslocadas de suas casas, de seus familiares, de suas tradições, sem os laços de sustentação e conhecimento anteriores, nas novas e desconhecidas terras, foram reduzidas à escravidão por dívida. Dessa atividade complexa, com diversos intermediários, ganhavam especialmente os exportadores do produto. E todo o sistema se assentava sobre o trabalho do seringueiro, disperso na solidão das lonjuras das matas, atrás de árvores retilíneas. Sobre isso escreveu Euclides da Cunha: "O sertanejo emigrante realiza, ali [no trabalho], uma anomalia sobre a qual nunca é demasiado insistir: é o homem que trabalha para escravizar-se". Ele compreendeu haver dois lados da história. Um deles composto por "uma série indefinida de espoliados" e, o outro, pelo "caucheiro opulento". Quanto aos primeiros, era necessário "varar os obscuros recessos da mata sem caminhos" para encontrá-los sós num trabalho que, inútil por longos anos, os extinguiam "no absoluto abandono", submetidos ao "barão que os escraviza". E prosseguiu Cunha: "O *conquistador* não os vigia. Sabe que lhe não fogem. Em roda, num raio de seis léguas, que é todo o seu domínio, a região [...] é intransponível. O deserto é um feitor perpetuamente vigilante. Guarda-lhe a escravatura numerosa".

Ao escrever sobre Conceição do Araguaia, sete décadas após Euclides da Cunha, o sociólogo Octavio Ianni tratou do fenômeno da borracha no Pará, especialmente na região sul do estado, ao longo dos primeiros anos e meados do século XX. Ianni constatou, assim como Euclides da Cunha, que o seringueiro era também na região paraense "obrigado a trabalhar como um escravo". Houve um refluxo na extração da goma no início do século XX, quando países da Ásia, como o Ceilão (atual Sri Lanka), entraram na disputa e, utilizando mudas retiradas da Amazônia, apresentaram

57

um produto comercialmente mais barato. Contudo, a situação mudou temporariamente. Com a Segunda Grande Guerra, a demanda dos países aliados pelo produto cresceu e houve o deslocamento, incentivado pelo Estado, de outra leva de milhares de trabalhadores conhecidos como "soldados da borracha" para a Amazônia. A partir disso, seguiu-se uma série de problemas decorrentes: recrudescimento do trabalho escravo por dívida, mortes provocadas pelas condições degradantes de vida e trabalho ou pelo assassinato de trabalhadores nas tentativas de fuga.

O TRABALHO ESCRAVO SE INTENSIFICA NA AMAZÔNIA COM A SUDAM

O governo militar brasileiro, instaurado após o golpe de 1964, mostrou-se muitas vezes apreensivo com discursos ambientalistas que apresentavam a Amazônia como o pulmão do mundo. Levando em conta a baixa densidade populacional na área, temia principalmente uma possível tentativa de internacionalização do território. Um estudo elaborado por Violeta Loureiro e Jax Pinto aponta que:

> Até meados dos anos 1960, as terras amazônicas pertenciam basicamente à União e aos estados. Do total das terras registradas pelo IBGE, 87% constituíam-se de matas e terras incultas, que eram exploradas por milhares de caboclos e ribeirinhos que viviam do extrativismo vegetal e animal; 11% constituíam-se de pastos naturais onde antigos fazendeiros haviam assentado fazendas de gado, sendo muitas delas seculares [...]. Essas poucas fazendas eram como que "ilhas" de criação de gado nos campos naturais (abundantes na região) e não em pastos formados em cima de mata derrubada ou queimada como hoje. A mata e os rios estavam preservados e eram aproveitados pelos habitantes como fonte de alimento, trabalho e vida.

Menos de 2% das terras era utilizado como lavoura e a metade, 0,9%, possuía título de propriedade privada. Quase todo o território era constituído por terras públicas e parte desta era ocupada por milhares de pequenos agricultores – os posseiros – que desenvolviam atividades extrativistas como "coleta de frutos, raízes, óleos, resinas e sementes das matas, em geral exportados para os mais diversos fins – industriais, medicinais ou alimentares; ao lado disso cultivavam roçados minúsculos, plantavam pomares e hortas nos quintais e praticavam a pesca em rios e lagos". De fato, boa parte da população era composta por ribeirinhos que viviam por gerações na região, sem conflitos pela disputa da terra abundante, e por índios.

Em 1966, por meio da Lei n. 5.173, o governo federal criou a Superintendência de Desenvolvimento da Amazônia, a Sudam. O *slogan* veiculado exaustivamente nos meios de comunicação era "Integrar para não entregar". Ou seja, integrar a Amazônia ao território brasileiro para não entregá-la à comunidade internacional. Havia também razões econômicas, como o desenvolvimento de polos de exportação de minérios e gado, além da criação de minifúndios em áreas de maior concentração populacional para atender as vítimas da seca no Nordeste e os trabalhadores que não tinham empregos ou terras em outras regiões do país. O governo os "convidou" para que se deslocassem para a Amazônia. E atraiu simultaneamente grandes empreendimentos de capital financeiro e industrial, tanto brasileiros como estrangeiros, para investimento na região a partir de incentivos fiscais, empréstimos a juros baixos orientados especialmente para atividades de pecuária, mineração e extração de madeira. Desse modo, se deslocaram para a região empresas que privatizaram terras devolutas para especulação futura, ou implementaram projetos agropecuários com a derrubada de milhares de áreas contínuas de matas, produzindo danos ambientais e conflitos fundiários com a população ribeirinha ou indígena e com os camponeses que chegaram e encontraram as terras a eles prometidas cercadas.

Dois municípios paraenses se destacaram nesse contexto: Conceição do Araguaia e Santana do Araguaia. Ambos foram a porta de entrada para a Amazônia Legal pelas facilidades que ofereciam: terra de boa qualidade, proximidade com a rodovia Belém-Brasília e baixa densidade populacional. A partir de 1966, a pecuária se tornou um setor "dinâmico" e "moderno" nas margens paraenses do rio Araguaia. Entre 1966 e 1975, Santana do Araguaia recebeu 20 projetos aprovados pela Sudam; Conceição, 33. Sendo que, em relação à totalidade dos projetos aprovados para toda a Amazônia Legal brasileira, Santana foi o primeiro município em recursos – 27,02% do valor total dos projetos aprovados; e Conceição, o segundo, com 25,87%. Assim, os dois municípios receberam mais de 52% de todos os recursos que a Sudam disponibilizou para a Amazônia.

Mas quem se beneficiou desses incentivos? Em Conceição e Santana foram instaladas empresas cuja atividade principal não era a pecuária, como Volkswagen, Atlântica Boa Vista, Supergasbrás, Bradesco, Bamerindus, Manah, Óleos Pacaembu, Nixdorf, ou famílias como Andrade, Lunardelli, Mutran e Quagliato. Os empresários adquiriram glebas e algumas indústrias, como a Volkswagen, detiveram mais de 100 mil hectares. Legal ou ilegalmente, cercaram terras não importando se nelas viviam antigos moradores, sobretudo ribeirinhos, e não deixaram que sobrassem áreas para as dezenas de milhares de famílias pobres que chegaram com a promessa de que receberiam lotes de 100 hectares, sendo 2 hectares preparados para a agricultura, além de auxílio de custo mensal, entre outros benefícios.

EXPLOSÃO DOS CONFLITOS E DENÚNCIAS DE VIOLÊNCIA

Naqueles anos, dezenas de conflitos fundiários explodiram, impactando centenas de famílias e causando aquilo que aos poucos foi sendo reconhecido como trabalho escravo contemporâneo. A região mais beneficiada pelos projetos de desenvolvimento governamental se confundia com a área que se tornou o epicentro do conflito agrário e do trabalho escravo contemporâneo no Brasil.

Um grupo diversificado de pessoas, vindas de todas as regiões do país, mas especialmente do Nordeste, se formou na margem paraense do rio Araguaia. Alguns chegaram para atividades urbanas e se inseriram no comércio, nas atividades bancárias, na construção civil, no serviço público e nas atividades liberais: advogados, agrônomos, veterinários, médicos, pilotos de aviões de pequeno porte etc. Outros chegaram para o trabalho na agropecuária. Destes, alguns almejavam conquistar terras para cultivo, imaginando que seriam assentados como colonos pelo Instituto Nacional de Colonização e Reforma Agrária (Incra). Como não tiveram sucesso, entraram em áreas consideradas ainda não tituladas e se tornavam posseiros. Outros buscaram serviços braçais nas fazendas. Os primeiros vinham com a família. Eram *outsiders* na região, mas rapidamente estabeleciam relações com a gente de seus locais de origem. Assim, se constituíam pequenas "colônias" de mineiros, maranhenses, paulistas, gaúchos etc., e foram retomadas e construídas antigas e novas relações de parentesco e amizade. Outros eram os "peões", isto é, pessoas que não vinham propriamente atrás de terra, mas de trabalho assalariado nas fazendas. Era tão intensa a migração que os paraenses, nos anos 1970, passaram a ser minoria. Em 1960, a população que abarcava os municípios de Conceição e Santana era de 11.283

61

habitantes. Em 1970, houve o desmembramento dos dois municípios, e somente Conceição do Araguaia possuía então 28.963 habitantes. Em 1977, esse número saltou para 60.000; e em 1980, era de 239.442 habitantes.

O autor deste texto chegou para trabalhar e morar em Conceição do Araguaia em 1977. No mesmo ano, em frente à catedral da cidade, observou quando uma caminhonete com jovens passou vagarosamente, em função das condições da rua, e um deles pulou da carroceria. O carro parou e dois outros o alcançaram. Era uma tentativa de fuga do trabalho escravo, e o autor não se deu conta naquele momento. Relatos de situações como essa e de outras violências foram repetidas à exaustão nas décadas seguintes por diversas fontes no Pará, no Mato Grosso e em estados do Nordeste. Houve denúncias contra a fazenda Vale do Rio Cristalino, que pertencia à Volkswagen, nos anos de 1973 a 1975, e de 1981 a 1983. Ali teria ocorrido trabalho escravo sob pretexto de dívidas com restrição de liberdade, violência física e assassinato de trabalhadores que tentaram escapar.

O sistema era sempre parecido: as propriedades agropecuárias mantinham dois tipos de trabalhadores. O primeiro realizava atividades mais permanentes, e era composto por empregados como gerente, motorista, cozinheira, contador, vaqueiro e "fiscal de picada" (uma espécie de milícia armada dos proprietários ou empreiteiros, chamados pelos trabalhadores de pistoleiros). Para estes havia atividades previstas para todo o ano e em geral se obedecia às leis trabalhistas vigentes. O segundo tipo, formado por um número superior de pessoas, eram os peões. Em geral homens, jovens aliciados em outros estados, principalmente no Nordeste, para o trabalho de "abertura" das fazendas, isto é, a derrubada da floresta, a feitura ou a limpeza dos pastos e das cercas. Uma mesma propriedade poderia abrigar simultaneamente em torno de 250 pessoas para as atividades permanentes e de mil a três mil pessoas para o trabalho temporário. O grande problema se dava com frequência com o segundo tipo.

As empresas agropecuárias contratavam "empresas empreiteiras", os "gatos", pessoas físicas transformadas em jurídicas, com frequência pistoleiros, que desenvolviam habilidades de gestão eficiente, sabiam dosar o mando alternando sedução e violência e obtinham sucesso nas atividades temporárias. Para isso, um mesmo gato poderia ter 60 "subgatos" ou "reta-gatos", e estes seus "gatinhos". Os "subgatos" se deslocavam atrás de desempregados ou trabalhadores rurais que precisavam de complemento financeiro em entressafras agrícolas. Aliciados com promessas falsas, eram transportados em caminhões precários ou em ônibus fretados de seus locais de origem ao Pará. No transcurso de viagem, havia uma rede de apoio e sustentação do crime, composta por policiais, motoristas e donos de pensões. Antes de entrarem na fazenda, não era raro, ofereciam aos trabalhadores bebida alcoólica e, embebedados e à noite, chegavam ao local de trabalho. Como não eram da região, não contavam com uma rede de parentesco e amizade com quem morava no município ou no estado, muitas vezes desconheciam o nome da empresa e da cidade onde tinham chegado. Na manhã seguinte, eram informados das regras: deviam pagar um possível adiantamento, recebido antes de embarcar, os custos da viagem – alimentação e hospedagem – e deviam adquirir na cantina da propriedade os gêneros alimentícios, ferramentas de trabalho, instrumentos de proteção de acidentes e lona para fazer o barraco onde passariam as noites. Os preços eram extorsivos e a dívida só cresceria.

O acesso às propriedades nem sempre era feito por via terrestre. Muitas vezes, os campos de aviação eram construídos antes das estradas, o que causava um tráfego aéreo intenso no sul do Pará. O trabalhador chegava de transporte terrestre até a sede do município e poderia prosseguir de barco ou avião. A própria geografia já poderia ser considerada uma prisão, dada a extensão das fazendas. Para evitar problemas e rebeliões, bebidas alcóolicas, armas e mulheres eram proibidas.

Mas como manter tanta gente nessas condições e obter resultado satisfatório? Para o sucesso, não bastava a possibilidade de uso da violência, ameaça constante materializada na presença de pistoleiros armados. Era necessário exercer aquilo que Max Weber chamou de "dominação". Conforme Weber, para que a dominação seja possível, é necessário que o dominado atribua algum grau de legitimidade ao dominador. E isso é obtido, entre outras razões, pela consciência do dever de pagar a dívida. A moral que norteava os grupos de trabalhadores vindos dos mesmos lugares compreendia o "quem deve paga". Abandonar o serviço com dívida era um problema que exigiria justificativas para si e para o grupo.

A eficiência na dominação se revelou numa das histórias que o autor deste texto ouviu pouco depois que chegou à região. Um grupo de peões, ao constatar que não conseguiria pagar a dívida contraída, perdeu aos poucos o entusiasmo pelo trabalho, ocasionando quedas de produtividade e de qualidade. O gato, em vez de acionar o mecanismo de controle pela violência, ofereceu aos trabalhadores a possibilidade de ir à Conceição do Araguaia, tomar cerveja e encontrar prostitutas. De avião, os trabalhadores foram levados à cidade, receberam um adiantamento em dinheiro e foram deixados no "bola", o prostíbulo local. Mas, como havia previamente combinado com o gato, o delegado de polícia do município foi ao "bola" com seus homens e deteve os peões, acusando-os de indisciplina. O gato, então, apareceu e "corajosamente" enfrentou o delegado, disse que os homens eram honestos, de confiança, trabalhadores, pagou a fiança e os libertou. Estes, agradecidos, retornaram à fazenda com um sentimento maior de dívida, não só econômica, mas moral, e voltaram a executar as atividades no ritmo esperado pelo empreiteiro.

Em algumas circunstâncias, quando as pessoas consideravam que a relação entre eles e os gatos tinha ultrapassado o limite do aceitável, havia tentativas de fuga. Nelas, poderiam ser capturados, espancados ou mortos. Naqueles anos, cabia à Comissão Pastoral de Terra (CPT) receber os fugitivos que conseguiam chegar às cidades e providenciar sua retirada da região. Não se podia confiar nas autoridades, e mesmo a população local não via os peões com bons olhos. Esses forasteiros, cujo passado não conheciam, eram considerados preguiçosos, que não cumpriam com seus compromissos. Mesmo após o fim da ditadura, em 1985, o padrão de violência persistiu pelo menos até 1995, quando o governo, depois de reconhecer o problema, começou a agir para reprimir essa prática.

O COMBATE AO TRABALHO ESCRAVO CONTEMPORÂNEO: AVANÇOS E RETROCESSOS

A existência do fenômeno do trabalho escravo contemporâneo e ilegal alcançou mais visibilidade, tanto na mídia como nos discursos oficiais e da sociedade civil, a partir do fim do século XX, e essa consciência se ampliou no século XXI, quando a Organização Internacional do Trabalho passou a dedicar mais atenção ao tema. Personalidades como o ex-presidente dos Estados Unidos, Barack Obama, e o papa Francisco demonstraram preocupação com o assunto, que passou a fazer parte da agenda de ambos.

Houve avanços nas políticas públicas brasileiras, muitas empresas foram punidas e o padrão de violência física diminuiu sensivelmente. Mas tudo pode retroceder. Os tempos têm se tornado mais turvos e inquietantes para quem combate esse crime. Houve, por exemplo, a promulgação da Lei 13.467/2017, a reforma trabalhista, cuja proposta desconstrói as leis protetoras dos mais vulneráveis, fazendo com que o "negociável" se sobreponha ao "legislado" em diversas circunstâncias. Ou seja, na relação assimétrica entre patrão e trabalhador, o Estado se comporta como se as forças fossem equiparadas e pudessem estabelecer "negociações" simétricas. As leis que compõem a reforma abriram a possibilidade para aumento da jornada de trabalho, facilitaram as contratações por meio de empreiteiras, restringiram a atuação de auditores e procuradores e eximiram as empresas beneficiadas de responsabilidades, facilitando assim, a ocorrência de casos de trabalho escravo contemporâneo.

Referências bibliográficas

BOBBIO, Norberto. *A era dos direitos*. Rio de Janeiro: Elsevier, 2004.

CHALHOUB, Sidney. *A força da escravidão*: ilegalidades e costumes no Brasil oitocentista. São Paulo: Cia. de Letras, 2012.

CUNHA, Euclides. *À margem da história*. São Paulo: Martin Claret, 2006.

ESTERCI, Neide. *Escravos da desigualdade*. Rio de Janeiro: Cebi, 1994,

FIGUEIRA, Ricardo Rezende; ESTERCI, Neide. "Slavery in Today's Brazil: Law and Public Policy". *Latin Americas Perspectives*, v. 44, abr. 2017. Disponível em: <http://journals.sagepub.com/doi/full/10.1177/0094582X17699913>. Acesso em: 28 abr. 2018.

LOUREIRO, Violeta Refkalefsky; PINTO, Jax Nildo Aragão. "Dossiê Amazônia Brasileira II: a questão fundiária na Amazônia". *Estudos Avançados*, v. 19, n. 54. São Paulo, maio/ago. 2005. Disponível em: <http://dx.doi.org/10.1590/S0103-40142005000200005>. Acesso em: 15 ago. 2018.

_____. *A luta pela terra*: história social da terra e da luta pela terra numa área da Amazônia. Petrópolis: Vozes, 1978.

MARTINS, Marcelo Sabino. "A Estrada de Ferro Madeira Mamoré como marco da 'civilização' em Porto Velho: perspectivas de uma História do/no Tempo Presente". In: XXVII *Simpósio Nacional de História*. Natal, RN. De 22 a 26/07/2013. Disponível em: <http://www.snh2013.anpuh.org/resources/anais/27/1364712959ARQUIVOSABINOMARTINS,MarceloAEstradadeFerroMadeiraMamorecomomarcodacivilizacaoemPortoVelho.pdf>. Acesso em: 2 set. 2018.

RIBEIRO, Darcy. "A invenção do Brasil". In: *A fundação do Brasil*: testemunhos. 1500-1700. Petrópolis: Vozes, 1992, pp. 15-61.

RAMOS, Jesuíno Ramos. *A guerra dos seringueiros*. Rio de Janeiro: Ed. Nórdica, 1986.

TANJI, Thiago. "Escravos da moda: os bastidores nada bonitos da indústria fashion". *Revista Galileu*. 23 jun. 2016. Disponível em: <https://revistagalileu.globo.com/Revista/noticia/2016/06/escravos-da-moda-os-bastidores-nada-bonitos-da-industria-fashion.html>. Acesso em: 2 jul. 2018.

YAFASOVA, Dina. *Diário de Sandholm*. Curitiba: UFPR, 2014.

COMO O BRASIL ENFRENTA O TRABALHO ESCRAVO CONTEMPORÂNEO

TIAGO MUNIZ CAVALCANTI

Quando se pensa em escravidão, não raro as pessoas constroem uma imagem marcada por atributos que lhes foram doutrinados em sala de aula e fora dela. Os livros escolares, as telas dos cinemas e as paredes dos museus realçam determinados elementos e formam uma perspectiva circunscrita à presença de componentes como instrumentos de tortura, aprisionamentos e algozes impiedosos. A verdade inserida em cada um desses elementos acaba por formar uma visão restrita da escravidão – seja ela do passado ou dos dias atuais. Este capítulo constrói um conceito de escravidão a partir da desconstrução dos estereótipos. Examina também o chamado trabalho "análogo" ao de escravo, conforme previsto na legislação brasileira, e suas hipóteses de caracterização, apresentando, ainda, as principais políticas repressivas – punitivas e reparatórias – voltadas para o seu enfrentamento.

ENTRE ESTEREÓTIPOS E EUFEMISMOS

A compreensão do todo a partir de seus fragmentos é especialmente vulnerável ao reducionismo. Assim ocorre com a escravidão e, particularmente, seu conceito, cujo debate é repleto de generalizações a partir de singularidades locais que resvalam no simplismo. Quando se fala sobre o assunto, não raro o senso comum idealiza sua expressão mais estereotipada, restrita ao negro cativo e violentamente injuriado. A cor, a violência física, o cárcere e o algoz cruel e desumano passaram a ser atributos onipresentes no imaginário popular.

Numa de suas ilustrações mais famosas, *Aplicação do castigo do açoite*, Jean-Baptiste Debret desenhou as dores do passado escravagista brasileiro: no pelourinho, um negro, amarrado e despido, sofrendo castigos de um insensível e inclemente capataz. Assim como as obras do pintor francês, que muito bem retratou o Brasil pré-republicano, o cinema, a literatura e as manifestações artísticas de modo geral costumam destacar a exacerbação da exploração associada a determinadas características que geralmente estão relacionadas às figuras do escravo e do algoz.

Os atributos sobressaltados pela arte e pelos livros lidos por nossas crianças representam verdades atrozes, é inconteste. Mas o realce proeminente em tais elementos é capaz de esculpir o imaginário popular e conferir novos contornos ao termo "escravidão", que passa a anunciar o maltrato excessivo, a injúria cruel dirigida a um segmento populacional específico. Revela, portanto, uma realidade distante dos atuais trabalhadores. Na verdade, a visão de uma escravidão necessariamente negra, cativa e violenta não se justifica do ponto de vista histórico: em suas múltiplas apresentações no tempo e no espaço, os escravismos apresentaram contornos específicos e características inerentes aos respectivos contextos sociais. Para bem compreender a escravidão – do passado e do presente – é necessário ir além dos seus fragmentos.

É bem verdade que o trabalho escravo colonial no continente americano, particularmente no Brasil, foi predominantemente negro e, por isso mesmo, costuma ser estudado com as aflições raciais que lhe são subjacentes. Mas é preciso dizer que a escravidão nas Américas também foi amarela, vermelha e branca. Em território brasileiro, os portugueses escravizaram mais de dois milhões de indígenas entre os séculos XVI e XVII, majoritariamente na exploração dos produtos tropicais das terras recém-roubadas. Antes mesmo da abolição formal da escravatura, no ano de 1888, imigrantes asiáticos – os *"coolies"* – e europeus brancos e pobres eram submetidos a condições degradantes de trabalho e servidão por dívida, em situação semelhante – senão idêntica – ao escravo africano.

Não foram poucos os escravos, ao longo da história, que tiveram tolhida sua liberdade e suportaram na pele as dores da mais perversa forma de exploração entre os homens. Tal não significa, no entanto, que violência física e aprisionamento sejam elementos essenciais para a ocorrência da escravidão. Na realidade, esses elementos representaram uma forma de guardar e preservar a propriedade, ou seja, o escravo.

No entanto, embora, em regra, os escravos ficassem completamente à mercê dos seus donos, muitos escaparam do chicote e do cárcere. A situação dos trabalhadores escravizados nunca foi uniforme e homogênea, variando entre a liberdade e a servidão e entre a condição de pessoa e de mercadoria. Em algumas sociedades havia escravos que desfrutavam de mais benefícios que alguns seres humanos livres e alcançavam elevada posição social, conforme a função que exerciam e a quem pertenciam.

O QUE É ESCRAVIDÃO?

Se a história permite romper o vínculo entre a escravidão e a cor da pele, a violência corporal, a restrição da liberdade física e a personalidade e o comportamento do algoz, é a própria história que nos fornece a gênese originária da escravidão, seu atributo essencial que independe de recortes espaço-temporais: a apropriação do ser humano pelo ser humano.

Desde os seus primórdios, a escravidão revela a coisificação do humano, sua mercantilização, sua apropriação pelo seu semelhante. Esse traço principal e substancial – a situação de propriedade, fática ou juridicamente reconhecida – está presente em todos os escravismos e prescinde de elementos acessórios relacionados à cor da pele, aos castigos e ao aprisionamento. Escravizar é, portanto, tolher a autonomia, a autodeterminação, o livre-arbítrio de outrem para fins de exploração. É a violação da liberdade sob uma perspectiva ampliada, uma liberdade que se confunde com a dignidade, uma liberdade enquanto autonomia individual, atributo que possibilita ao ser humano construir sua própria individualidade, escolher seu modo de ser, eleger seus projetos de vida, agir conforme seu pensamento.

A Organização das Nações Unidas (ONU) estabelece com precisão o conceito de escravidão, livre de atributos fragmentados e estereotipados. A Convenção sobre a Escravatura, de 1926, define a escravidão como "o estado ou condição de um indivíduo sobre o qual se exercem, total ou parcialmente, os atributos do direito de propriedade". A referida definição reproduz, portanto, a exata compreensão do fenômeno, sua verdadeira essência, qual seja, a coisificação do ser humano. De igual forma, a Convenção Suplementar sobre a Abolição da Escravatura, do Tráfico de Escravos e das Instituições e Práticas Análogas à Escravatura, de 1956, ratifica tal conceituação em seu artigo 7º, parágrafo 1º, definindo escravo como o indivíduo sobre o qual se exercem todos ou parte dos poderes atribuídos ao direito de propriedade.

Escravizar é, portanto, coisificar. É suprimir ou restringir significativamente a autonomia alheia. É privar a pessoa de sua dignidade, furtar-lhe seus direitos mais caros, recusar-lhe sua racionalidade e renegá-la a mero objeto fungível, uma mercadoria descartável, uma coisa facilmente substituível.

O adjetivo "contemporânea" acrescido ao substantivo "escravidão" significa tão só uma qualificação temporal que evidencia tratar-se de algo que ocorre atualmente. Ou seja, de forma semelhante ao passado, a escravidão dos dias atuais também denota uma forma de apropriação do ser humano que limita seu livre-arbítrio, atinge seu *status libertatis* e, com efeito, sua dignidade. É algo que suprime os direitos mais caros da vítima, intrinsecamente ligados à individualidade, à racionalidade; viola valores, bens e princípios essenciais à sobrevivência e à preservação da condição humana; ofende os direitos inerentes à própria existência, arraigados à liberdade e à igualdade, valores que dão suporte à noção de dignidade.

Hoje, mais do que no corpo, a dor da escravidão está na alma. Está na sujeição pessoal, na submissão absoluta, nas condições precárias de habitação, na inexistência de instalações sanitárias, na falta de água potável, no padrão alimentar negativo, na falta de higiene, nas jornadas de sol a sol, na ausência de descansos, na exposição a doenças, de eletrocussão, de incêndios. Está em viver como bichos, com eles compartilhando bebida, comida e local de moradia. Está na situação de indigência, de miséria, de penúria. Está, enfim, na coisificação do ser humano: um objeto descartável na geração de riquezas econômicas.

71

São muitas as designações que se referem à exploração do humano em condições ofensivas à sua dignidade. No Brasil, as expressões mais comuns que nomeiam idêntico fenômeno e costumam ser utilizadas indistintamente são "escravidão contemporânea" (ou "trabalho escravo contemporâneo") e "trabalho em condições análogas à de escravo". O legislador brasileiro optou pela segunda.

O termo "análogo" remete a algo similar, aproximado, semelhante. "Condições análogas à de escravo" se propõe a designar, portanto, as formas de trabalho indigno que representam a escravidão de outrora, não mais permitida. É dizer, em razão da abolição do escravismo formalmente estabelecido, prefere-se a utilização de uma nova designação: assim, "condições análogas" quer referir-se à escravidão desaprovada pelo ordenamento jurídico que ocorre nos dias atuais. Ou seja, o Estado não mais permite tal exploração, que se mantém por formas análogas, agora sem o direito de propriedade.

A expressão, no entanto, carrega consigo certo grau de eufemismo na designação de situações que rompem os padrões mínimos de civilidade e sociabilidade. A referência a "condições análogas" sugere uma conotação de abrandamento da conduta ilícita, odiosa em si. Parece designar situações que – apesar de semelhantes – são distintas da escravidão. Melhor seria se o legislador brasileiro tivesse optado pela expressão "trabalho escravo contemporâneo", que, além de ser, do ponto de vista técnico-jurídico e historiográfico, expressão mais precisa para designar o fenômeno, tem nitidamente uma conotação mais forte, apta a expressar de modo fiel a reprovabilidade da conduta do escravocrata.

Se o legislador brasileiro não foi feliz ao designar o fenômeno da escravidão contemporânea, tendo preferido a expressão "condição análoga à de escravo", ele foi preciso ao estabelecer suas hipóteses de caracterização. A atual redação do artigo 149 do Código Penal, que define o crime de reduzir alguém à condição análoga à de escravo, abrange os principais fatores capazes de tolher a autodeterminação da vítima, reproduz fielmente as condições de vida e de trabalho dos escravos do passado e facilita, com isso, a tipificação do delito.

Diz o artigo 149 do Código Penal que será punido com reclusão de dois a oito anos e multa, além da pena correspondente à violência, todo aquele que

> reduzir alguém a condição análoga à de escravo, quer submetendo-o a trabalhos forçados ou a jornada exaustiva, quer sujeitando-o a condições degradantes de trabalho, quer restringindo, por qualquer meio, sua locomoção em razão de dívida contraída com o empregador ou preposto.

Como se vê, estão previstas quatro hipóteses de configuração do crime de redução à condição análoga à de escravo (ou simplesmente trabalho escravo contemporâneo): trabalho forçado, jornada exaustiva, condições degradantes de trabalho e restrição de locomoção em razão de dívidas.

É importante registrar que a consumação do crime não exige a coexistência de todas as suas hipóteses de configuração no caso concreto, muito embora, na prática, elas geralmente estejam entrelaçadas. Ou seja, as quatro maneiras de execução são autônomas e reciprocamente independentes, de modo que a configuração de apenas uma delas dá ensejo à caracterização do trabalho escravo contemporâneo.

Ademais, a configuração do delito, por qualquer dos seus modos de execução, ocorrerá independentemente da manifestação de vontade da vítima. Em outras palavras, o consentimento do ofendido – do escravizado, portanto – é irrelevante para a consumação do crime tipificado no Código Penal. Geralmente, é o estado de miserabilidade do trabalhador que o torna um escravo em potencial: a aceitação de condições adversas e indignas de trabalho decorre, na verdade, da vulnerabilidade econômica e social que gera um vício do consentimento. Dito de outro modo, a situação de indigência da vítima se encarrega de submetê-la a condições subumanas de trabalho.

O "trabalho forçado" está associado ao desprezo do elemento da escolha. É o trabalho obrigatório, executado contra a vontade livremente manifestada pelo trabalhador, caracterizando-se pelo vício do consentimento. Essa vontade viciada decorre da coação patronal e tem incidência tanto em momento pré-contratual, na escolha ou na aceitação do trabalho, como também durante a prestação dos serviços, impedindo o encerramento do vínculo. A coação empregada no trabalho forçado não se limita às ameaças físicas, abrangendo, igualmente, as de cunho moral ou psicológico. Ou seja, o método empregado para a formação do vínculo ou para a manutenção da situação de exploração abusiva pode ser de ordem moral, por meio da utilização de métodos juridicamente fraudulentos; psicológica, por meio de instrumentos que agem na esfera psíquica e emotiva do trabalhador; ou física, com incidência no próprio corpo do trabalhador, aprisionando-o ou violentando-o.

A "jornada exaustiva" que caracteriza o trabalho escravo é aquela exercida em condições adversas, em ritmo acelerado e frequência desgastante. Esse intenso labor impede que o trabalhador, ao final do dia, recomponha suas energias de trabalho até o início da jornada seguinte, fadigando-o, proporcionando-lhe má qualidade de vida e, decerto, atingindo-lhe a dignidade. A exaustão, como elemento caracterizador do trabalho escravo, demanda uma jornada excessivamente extenuante, incompatível com a condição humana e apta a exaurir física e mentalmente o trabalhador, subjugado a objeto descartável na produção de riquezas econômicas. A principal característica da jornada exaustiva é o completo esgotamento das forças do trabalhador.

É bom reforçar que o labor excessivo, o trabalho de sol a sol, o esgotamento completo que caracterizam a situação de exploração abusiva dos tempos atuais são traços onipresentes na escravidão histórica. Estes já eram condenados há muito, expressamente repelidos na encíclica *Rerum Novarum* do papa Leão XIII, escrita nos idos de 1891, que, àquela época, já doutrinava no sentido de que o trabalho diário não poderia "exceder a força dos trabalhadores" e que o repouso deveria ser proporcional "à qualidade do trabalho, às circunstâncias do tempo e do lugar, à compleição e saúde dos operários".

As "condições degradantes de trabalho" vão além do simples descumprimento da legislação trabalhista: denotam rebaixamento, indignidade e aviltamento. Para caracterizar o trabalho escravo, o descumprimento da legislação laboral há de ser capaz de atingir fortemente o bem jurídico tutelado pelo crime de trabalho escravo, qual seja, a dignidade do homem trabalhador. São, portanto, condições precárias, aviltantes, subumanas; condições que privam o trabalhador de dignidade, que o desconsideram como sujeito de direitos; condições que aviltam a autodeterminação do trabalhador, que exploram sua necessidade, que desconsideram sua condição de ser humano. Condições, portanto, que coisificam o homem.

Em regra, as condições degradantes de trabalho estão relacionadas à precariedade nas áreas de vivência, instalações sanitárias, alojamentos e locais para o preparo e armazenamento dos alimentos, como também se expressam através da falta de fornecimento de água potável, do padrão alimentar negativo e da falta de higiene no local de trabalho. A degradação também pode se fazer presente quando da negligência do empregador em relação à atenuação dos riscos inerentes às condições de execução do trabalho, por meio, por exemplo, do não fornecimento dos equipamentos de proteção individual e da exposição a riscos de doenças, de eletrocussão e de incêndios. Em suma, a degradação reside na péssima qualidade de vida dos trabalhadores, que colocam em risco sua saúde, segurança e vida.

Por fim, a "restrição de locomoção por dívida" consiste na criação, por parte do empregador, de mecanismos de endividamento que impossibilitem ou dificultem o encerramento do vínculo e o abandono do local de trabalho. Nessa forma de escravidão, o empregador retém o salário do empregado (integral ou parcialmente) em razão de dívidas com ele contraídas por meio da venda inflacionada de produtos de uso pessoal, alimentos, ferramentas e equipamentos de proteção, ou ainda da cobrança injusta e desproporcional por moradia. Sem condições de pagar as dívidas, o trabalhador fornece seus serviços, que, ao final, são insuficientes para quitar o débito.

Também denominada "truck system" ou "sistema do barracão", a escravidão por dívida denota uma relação comercial compulsória entre empregado e empregador, entre explorado e explorador, que acentua a sujeição pessoal do primeiro em face do segundo, pois lhe retira o poder da livre disponibilidade salarial.

É importante registrar que a difícil quitação das dívidas contraídas já se perfaz suficiente à configuração da escravidão contemporânea, pois, ao contrário do que se poderia imaginar, não se exige aprisionamento em seu conceito mais restrito, na medida em que o próprio artigo 149 aceita que a restrição se faça "por qualquer meio", seja ele físico ou moral. Ou seja, além da restrição física da liberdade de ir e vir (por exemplo, cerceio do uso de transportes, controle e vigilância armada, ou retenção de documentos), também a simples coação moral é capaz de caracterizar o crime.

Costuma-se apontar essas restrições como figuras equiparadas ou assimiladas de configuração do crime. No entanto, todas essas modalidades são formas de controle e repressão com o objetivo de manter o trabalhador no local de trabalho, podendo ser facilmente identificadas como uma forma de exteriorização da coação que caracteriza o "trabalho forçado", sendo desnecessário, portanto, tratá-las como modalidades autônomas de configuração do delito.

POLÍTICA REPRESSIVA: O PASSO A PASSO DA PUNIÇÃO

A abolição oficial da escravidão em 1888 não significou sua redenção. Embora a Lei Áurea tenha eliminado formalmente a possibilidade jurídica de se exercer sobre uma pessoa o direito de propriedade, ela deixou de efetivar reformas sociais, principalmente fundiárias, que viabilizassem a reconstrução do país e, assim, a emancipação de seres humanos.

A perpetuação das condições de miserabilidade dos escravizados "recém-libertos" e a inexistência de qualquer mudança estrutural no cenário econômico e social do período pós-abolicionista, ainda caracterizado pelo latifúndio e pelo coronelismo, delineou o perfil da escravidão contemporânea. Nosso país continuou sendo escravagista, pois em suas terras permaneceu existindo o trabalho escravo contemporâneo, uma escravidão camuflada, dissimulada e periférica, cuja consumação exige punição e reparação.

Uma vez perpetrada a conduta ilícita, entra em cena o combate ao trabalho escravo contemporâneo. Trata-se de uma persecução que atua sob os prismas administrativo, criminal, civil e econômico, abrangendo medidas punitivas e reparatórias em face dos beneficiários do crime. Na prática, o cometimento do crime de trabalho escravo impõe ao seu autor, dentre outras, as seguintes sanções:

- **Pagamento de multas administrativas**

O combate ao trabalho escravo tem início com a ação de fiscalização promovida pelo Grupo Especial de Fiscalização Móvel (Gefm), criado em junho de 1995 com a finalidade de coordenar a atuação fiscal e enfrentar o trabalho escravo contemporâneo por meio de uma estratégia repressiva isenta às pressões das oligarquias locais.

O Gefm possui como características o comando único vinculado à Secretaria de Inspeção do Trabalho, em Brasília, a seleção rigorosa dos seus integrantes, o sigilo total das operações e a integração entre Ministério do Trabalho, a Polícia Federal e o Ministério Público do Trabalho na efetivação das operações. Atualmente, as fiscalizações coordenadas pelo grupo possuem um caráter eminentemente interinstitucional, contando com a presença de vários órgãos estatais.

Deflagrada a operação fiscalizatória e constatada a submissão de trabalhadores à situação análoga à de escravo, o órgão de fiscalização deverá lavrar os autos de infração pelo descumprimento da legislação trabalhista, impondo multas ao responsável pela conduta ilícita.

- **Inclusão do nome na "lista suja" do trabalho escravo**

A denominada "lista suja" consiste num cadastro nacional onde constam os nomes dos empregadores vinculados à prática do trabalho escravo contemporâneo. A inclusão do infrator na lista ocorre após decisão administrativa que mantém incólume o auto de infração lavrado em decorrência de ação fiscal na qual tenha havido a identificação de trabalhadores submetidos a trabalho escravo. O nome da pessoa, física ou jurídica, é mantido no cadastro pelo período de dois anos, ficando a exclusão condicionada à regularização das condições de trabalho, ao pagamento das multas resultantes da ação fiscal e, ainda, à comprovação da quitação de eventuais débitos trabalhistas e previdenciários.

A "lista suja" tem como objetivo dar transparência aos atos administrativos resultantes de ação fiscal, em consonância com o direito à informação e ao princípio da publicidade que rege a Administração. A Lei de Acesso à Informação (nº 12.527, de 18 de novembro de 2011) estabelece como dever dos órgãos e entidades do poder público assegurar uma gestão transparente da informação, propiciando-lhe amplo acesso e divulgação, o que deve ocorrer independentemente de solicitações, tendo como diretriz a observância da publicidade como preceito geral e o desenvolvimento do controle social da administração pública.

O acesso à informação mostra-se importante para a sociedade como um todo, inclusive ao próprio setor econômico, tendo em vista que as empresas e demais instituições dela necessitam para desenvolver políticas de responsabilidade social, gerenciando eventuais riscos decorrentes da celebração de relações comerciais com empregadores autuados por submeterem seus trabalhadores a situações de escravidão. A despeito dessa natureza meramente informativa, é inegável que empresas e bancos impõem ao infrator alguns efeitos imediatos em seu prejuízo, tal qual a restrição a crédito público e privado.

- **Reclusão de dois a oito anos**

No que diz respeito à responsabilidade criminal do escravagista, o artigo 149 do Código Penal prevê pena de reclusão de dois a oito anos e multa, além da pena correspondente à violência. Equipara, inclusive, para fins de responsabilização penal, aquele que intermedeia a contratação ou que vigia o local de permanência para evitar eventuais fugas dos trabalhadores.

Infelizmente, ainda precisamos evoluir nessa vertente da política repressiva. É que não são muitas as condenações criminais, apesar das dezenas de milhares de resgates ocorridos somente nas duas últimas décadas. A despeito do alto número de absolvições, o cenário vem evoluindo de forma paulatina, muito decorrente do forte engajamento do Ministério Público Federal, que passou a acompanhar as fiscalizações, os resgates e os atos imediatamente posteriores, produzindo provas e colhendo os elementos necessários à instrução processual penal.

- **Pagamento das verbas trabalhistas devidas**

A sonegação de direitos trabalhistas é atributo quase sempre presente no trabalho escravo contemporâneo. Ao submeter alguém à situação de escravo (seja pela força, pela degradação, pela exaustão ou pela servidão), o empregador geralmente se exime do cumprimento da legislação, deixando de pagar à vítima os direitos trabalhistas que lhe são garantidos por lei.

Com efeito, ao resgatado da condição de trabalhador submetido à escravidão assegura-se o recebimento de todas as verbas trabalhistas, fundiárias e previdenciárias devidas, relativas à integralidade do período que perdurou a escravidão.

- **Indenização pelo dano moral provocado à vítima**

A escravização traz consigo repercussões deletérias à liberdade, à intimidade, à honra, à imagem, à liberdade de exercício de trabalho, ofício ou profissão, à liberdade de locomoção, à integridade física e psíquica. Gera, portanto, um dano extrapatrimonial – mais conhecido por dano moral – que sequer precisa ser provado em juízo: trata-se de um evidente dano à dignidade do indivíduo, através da violação ao conjunto de bens que forma sua personalidade.

- **Indenização pelo dano moral coletivo**

O desrespeito à legislação trabalhista pode ensejar o dano social, também conhecido como dano moral coletivo. Trata-se de uma violação extrapatrimonial com repercussões difusas, através do desregramento jurídico, fazendo surgir um sentimento de indignação coletiva. Esse abalo na esfera moral da coletividade, que afeta valores coletivos, tal qual o direito humano fundamental de não ser submetido à escravidão, exige reparação.

O trabalho escravo contemporâneo talvez seja o exemplo clássico de conduta ilícita com graves repercussões que ultrapassam a esfera pessoal da vítima: trata-se de uma prática perversa, condenada há mais de um século, que viola bens, valores e princípios que dão sustentação ao Estado Democrático de Direito.

O valor da indenização deve ser arbitrado com base nos seguintes elementos: grau de culpa do agente, repulsa social da conduta lesiva, extensão do dano à coletividade, capacidade econômica do responsável pela conduta ilegal e, mais importante, a finalidade punitivo-pedagógica da indenização.

- **Perda da propriedade**

A partir da Emenda n. 81, de 2014, o texto constitucional passou a prever a expropriação de imóveis onde for localizada a exploração do trabalho escravo, destinando-os à reforma agrária, em se tratando de propriedade rural, ou a programas sociais de habitação popular, no caso de imóvel urbano.

81

Trata-se de uma sanção econômica imposta ao explorador consubstanciada na perda da propriedade em que houver a exploração abusiva da mão de obra, porquanto não atingida sua função social. A medida vem sendo considerada pela ONU como um importante mecanismo legal para o combate do trabalho escravo contemporâneo, pois atua diretamente no patrimônio do explorador.

- **Cassação do cadastro de contribuinte do Imposto sobre Circulação de Mercadorias e Serviços (ICMS)**

A Lei n. 14.946 do estado de São Paulo, de janeiro de 2013, impede todos aqueles que se beneficiam da exploração do trabalho escravo, direta ou indiretamente, de exercerem a mesma atividade econômica pelo período de dez anos, através da cassação do seu cadastro de contribuinte do ICMS. O que significa o banimento da empresa do estado.

Atuando sob o viés repressivo na seara administrativo-tributária, a lei pune aquele que se aproveita direta ou indiretamente da exploração abusiva do trabalhador, beneficiando-se economicamente, portanto, de uma produção barata. Trata-se de um avanço no sentido de buscar a responsabilização em cadeia, o que faz causar naqueles que se põem no topo uma forte coerção psicológica no sentido de tangenciar suas ações preventivas.

A lei paulista vem servindo de exemplo a outros estados da federação, que editaram leis semelhantes em seus respectivos territórios.

- **Restrições comerciais decorrentes do Pacto Nacional pela Erradicação do Trabalho Escravo**

Nascido em 2005, o Pacto Nacional pela Erradicação do Trabalho Escravo era um compromisso de livre adesão que exigia dos signatários uma série de obrigações voltadas ao enfrentamento da escravidão contemporânea, com destaque para a definição de restrições comerciais às empresas e demais pessoas identificadas na cadeia produtiva que se utilizem de práticas que caracterizam o trabalho escravo contemporâneo.

Essa relevante medida, voltada ao isolamento comercial daqueles que exploram abusivamente os trabalhadores, mostra-se importante porque, sugerindo a identificação do explorador na cadeia produtiva, preconiza que aqueles que com ele contratam são igualmente responsáveis por tal situação de violação a direitos fundamentais. O Pacto deu lugar, em 2014, ao Instituto do Pacto Nacional pela Erradicação do Trabalho Escravo (InPacto).

AVANÇANDO NO COMBATE À ESCRAVIDÃO

O avançado conceito de trabalho escravo contemporâneo e todo o sistema de políticas públicas voltadas ao seu enfrentamento elevam o Brasil a país-modelo, em âmbito internacional, no combate a essa prática. A ONU e a Organização Internacional do Trabalho destacam que a implantação de determinados mecanismos de combate, inexistentes em outro lugar no mundo, revelam que a erradicação do trabalho escravo contemporâneo recebeu tratamento prioritário pelo Estado brasileiro.

As organizações internacionais ressaltam, no entanto, a importância de se avançar constantemente no combate a esse crime, o que implica resistir a eventuais tentativas de retrocesso. Em outras palavras, é preciso lutar contra as vozes dissonantes, contra aqueles que se negam a enxergar a realidade pungente da escravidão, contra os entraves constantemente criados por aqueles que representam quem domina, explora e escraviza.

Referências bibliográficas

BRITO FILHO, José Cláudio Monteiro de. *Trabalho escravo*: caracterização jurídica. São Paulo: LTr, 2014.

CAVALCANTI, Tiago Muniz. *Neoabolicionismo e direitos fundamentais*. São Paulo: LTr, 2015.

_____. "O trabalho escravo entre a arte e a realidade: a necessária superação da perspectiva hollywoodiana". *Revista do Tribunal Superior do Trabalho*, n. 2, ano 81, abr. a jun. 2015.

_____. "Trabalho escravo na moda: os grilhões ocultos da elite brasileira". Disponível em: <http://reporterbrasil.org.br/2013/11/os-grilhoes-ocultos-da-elite-brasileira/>. Acesso em: 27 nov. 2013.

FIGUEIRA, Ricardo Rezende; GALVÃO, Edna Maria; PRADO, Adonia Antunes (Orgs.). *Privação da liberdade ou atentado à dignidade*: escravidão contemporânea. Rio de Janeiro: Mauad X, 2013.

FINLEY, Moses I. "Entre a escravidão e a liberdade". In: *Economia e sociedade na Grécia antiga*. São Paulo: Martins Fontes, 1989.

_____. *Escravidão antiga e ideologia moderna*. Trad. Norberto Luiz Guarinello. Rio de Janeiro: Graal, 1991.

SANTOS, Joel Rufino dos. *A escravidão no Brasil*. São Paulo: Melhoramentos, 2013.

STERCI, Neide. *Escravos da desigualdade*: um estudo sobre o uso repressivo da força de trabalho hoje. Rio de Janeiro: Centro Edelstein de Pesquisas Sociais, 2008.

WILLIAMS, Eric. *Capitalismo e escravidão*. Trad. Denise Bottmann. São Paulo: Companhia das Letras, 2012.

O PERFIL DOS SOBREVIVENTES

NATÁLIA SUZUKI
XAVIER PLASSAT

O trabalho escravo é a versão contemporânea mais degradante da exploração de trabalhadores, um fenômeno distinto da escravidão que se configurou como uma das bases da economia do período colonial brasileiro. Este capítulo investiga quem é o trabalhador escravo atualmente, quais são as formas de submissão impostas pelos modos de produção atuais e o que tem sido feito para combater essa prática criminosa.

OS ESCRAVOS DE ONTEM E OS TRABALHADORES ESCRAVIZADOS DE HOJE

Em 1988, José Pereira era um jovem de 17 anos, submetido a condições de trabalho escravo em uma fazenda no Pará, município de Xinguara. Ele e um companheiro tentaram fugir do local onde eram explorados e ameaçados. Perseguidos por capangas da propriedade rural, foram alvejados. Seu amigo morreu imediatamente e ele escapou, fingindo-se de morto após levar um tiro que atravessara seu rosto. Foi jogado no terreno de outra fazenda, onde recebeu socorro. Pereira perdeu uma das vistas, mas sobreviveu. O caso foi levado às autoridades locais e federais, mas foi negligenciado por todas elas, deixando os algozes impunes.

Há décadas, muitos casos de trabalhadores explorados como Pereira são denunciados por organizações da sociedade civil. A condição de exploração de trabalhadores livres – especialmente aqueles empregados em atividades rurais – foi uma dinâmica constante durante todo o século XX e é ainda uma realidade no país. O trabalho escravo é a versão contemporânea mais degradante dessa exploração, um fenômeno distinto da escravidão que se configurara como uma das bases da economia do período colonial brasileiro, uma instituição social e legalmente aceita, além de determinada pelo critério racial.

Apesar da existência de registros da exploração de trabalhadores livres desde os anos de 1910, como aqueles que se dedicaram ao ciclo da borracha, a primeira denúncia pública sobre trabalho escravo de que se tem notícia é a carta episcopal "Uma igreja da Amazônia em conflito com o latifúndio e a marginalização social", de dom Pedro Casaldáliga, bispo da Prelazia de São Félix do Araguaia, no Mato Grosso, divulgada em 1971, durante a ditadura militar. No documento, o religioso católico expõe as condições de exploração a que milhares de trabalhadores estavam submetidos. O evento é considerado um marco para os atores que combatem esse crime no país, já que foi a primeira vez em que a situação dos trabalhadores no campo esteve exposta publicamente como um problema social, cujas origens remontavam à concentração fundiária e ao modelo de produção rural.

A despeito de o Brasil ter ratificado as Convenções da Organização Internacional do Trabalho nº 29 sobre o Trabalho Forçado ou Obrigatório, de 1930, e a nº 105 sobre a Abolição do Trabalho Forçado, de 1957, respectivamente, em 1957 e 1965, comprometendo-se formalmente com as recomendações estabelecidas pelos documentos, os debates acerca do trabalho decente em nível global não incidiram imediatamente nas discussões no Brasil. Hoje, os instrumentos até são utilizados para respaldar as medidas de combate ao trabalho escravo contemporâneo, mas não foram decisivos para as discussões iniciais sobre o tema no país.

Foi somente em 1995, quando o governo do então presidente Fernando Henrique Cardoso reconheceu a persistência do trabalho escravo, que o Estado brasileiro iniciou uma política de combate ao problema, com a criação do Grupo Especial de Fiscalização Móvel. Voltada à fiscalização de propriedades, até dezembro de 2018, essa iniciativa foi responsável pela inspeção de 5.009 estabelecimentos e a libertação de 51.201 trabalhadores[1] encontrados em condição análoga à escravidão, de acordo com dados oficiais, e de 53.764, segundo a contagem da Comissão Pastoral da Terra, em diversas atividades econômicas urbanas e rurais.

Esse total de libertados é a ponta do *iceberg* do problema, que se tornou visível graças à fiscalização dos casos denunciados. Mas, ao menos 24 mil trabalhadores envolvidos em outros mil casos, cujas denúncias não foram averiguadas, ficaram de fora das estatísticas oficiais.

Mas quem são esses trabalhadores e como acabam escravizados? É possível descrever um perfil abrangente em que se encaixem todas as vítimas dessa violação?

87

Os trabalhadores escravos do século XXI são juridicamente livres, mas fazem parte de um enorme contingente de mão de obra disponível, descartável e vulnerável socioeconomicamente. São, portanto, facilmente aliciados para os piores tipos de serviços e sem garantias de direitos trabalhistas.

O trabalho escravo contemporâneo e a escravidão nos períodos colonial e imperial do Brasil são fenômenos distintos, mas há conexões importantes entre eles, como o perfil de atingidos. Apesar de a questão racial não ser determinante para alguém ser escravizado e, apesar de não haver informações sobre a raça de 70% dos trabalhadores resgatados, em 2011 a Organização Internacional do Trabalho (OIT) realizou uma pesquisa para compor a publicação *Perfil dos principais atores envolvidos no trabalho escravo rural no Brasil*, em que, dentre os trabalhadores entrevistados, a maioria se declarava afrodescendente.

O fato de esse grupo ainda hoje ser socioeconomicamente vulnerável numa sociedade desigual, decorrente de uma abolição malfeita, torna-o vulnerável a um tipo de exploração laboral, naturalizado e aceito por boa parte da população brasileira.

Os dados do Programa Seguro-Desemprego do antigo Ministério do Trabalho, registrados de janeiro de 2003 a junho de 2018, indicam que, do total de 35.803, 70% dos trabalhadores libertados possuem baixíssima escolaridade: 31% são analfabetos e 39% não concluíram o quinto ano do ensino fundamental. Essa informação coincide com o fato de os trabalhadores escravizados ingressarem no mundo do trabalho em média aos 11 de idade.

O trabalho escravo contemporâneo e o trabalho infantil costumam estar associados de duas formas. Além de o escravizado geralmente começar a trabalhar muito cedo, em muitos casos há a presença de crianças e adolescentes trabalhando em atividades como limpeza de pasto, aplicação de agrotóxicos, colheitas etc., juntamente com adultos em situação de trabalho escravo. Nesse contexto, já foram resgatados 627 crianças e adolescentes com menos de 18 anos. Isso significa que, para esses jovens, a escola é substituída precocemente pela atividade laboral.

A ausência de educação formal impacta negativamente na qualificação profissional desses indivíduos, restringindo suas perspectivas e opções de trabalho e os privando de uma formação cidadã: sem noção de direitos, têm dificuldades de reivindicá-los, inclusive nas relações trabalhistas.

Em geral, trabalhadores escravos são pessoas que possuem baixa renda e, por isso, são suscetíveis a serem ludibriados por falsas promessas de aliciadores (também conhecidos como "gatos"), ou a aceitarem condições degradantes de trabalho, pois acreditam que qualquer emprego é melhor do que nenhum. São migrantes internos das regiões Norte e Nordeste, que partem de suas cidades em busca de meios para garantir sua subsistência e a de sua família; no interior do Maranhão costuma-se dizer que são "escravos da precisão". Os depoimentos a seguir são de trabalhadores entrevistados pela pesquisadora Flávia Moura:

> A gente não é escravo, não. Mas se a gente for pensar direitinho, o cara começa a escravidão dele é em casa mesmo; na precisão. Mas nessas fazendas, eles chamam assim porque enganam. A gente chega lá e as coisas mudam; então o trabalhador fica com a dívida na cantina e eles dizem que é escravo. Eu já vi muita coisa. O trabalhador trabalha, fica um mês e ganha uma mixaria. Se quiser dizer, pode até dizer que é escravo mesmo porque fica preso naquela história de estar devendo. (Afonso, 55 anos)

> A gente só vai pra Juquira quando tá no último grau de precisão. Lá na fazenda, é tudo péssimo! Aquela comida que eles falam que é de peão; um arroz quebrado e

89

misturado e só. Carne é muito difícil ver. Na água que a gente bebe anda até animal e a gente tem que banhar também, tudo no mesmo açude. A única coisa que é bom do trabalho é quando a gente recebe o troco. Mas, mesmo assim, é difícil ver o troco. Eles deixam um pouquinho aqui em casa antes da gente viajar e depois é difícil ver o resto do dinheiro porque a gente acaba gastando com eles mesmo. ("Zé Véio", 46 anos)

De acordo com os dados do Ministério da Economia, 95% dos trabalhadores escravizados no Brasil são homens. Desse total, 63% são relativamente jovens, já que está na faixa etária dos 18 aos 34 anos. Esse perfil atende à demanda por força física para trabalhos braçais, não raro, extenuantes.

Estima-se que o limite da vida útil do trabalhador escravo contemporâneo seja próximo aos 45 anos devido às condições físicas e psicológicas as quais é exposto. Os dados confirmam essa hipótese quando verificamos que é decrescente a porcentagem de trabalhadores de idades avançadas: cerca de 20% está na faixa de 35 a 44 anos, 12% na faixa de 45 a 54 anos e apenas 4% tem 55 anos ou mais.

DE ONDE VÊM OS TRABALHADORES ESCRAVIZADOS E ONDE SÃO RESGATADOS?

Quase um quarto (22,9%) dos trabalhadores resgatados em todo o país é natural do Maranhão; foram libertados, até hoje, 8.073 maranhenses em todo o Brasil. As outras principais procedências de libertados são a Bahia (3.484), Minas Gerais (3.060), Pará (3.039) e Piauí (2.057), de acordo com dados do Ministério da Economia. A predominância de trabalhadores vindos do Maranhão não é casual. O estado possui o segundo pior Índice de Desenvolvimento Humano Municipal (IDHM) do país, ou seja, 0,682, ficando atrás somente de Alagoas, cujo IDHM é 0,683. A média nacional do índice é 0,776. Ao mesmo tempo, o rendimento domiciliar de um maranhense é de R$ 605, o mais baixo do país; a média nacional é de R$ 1.373.

Apesar de as equipes de fiscalização já terem flagrado trabalho escravo em todos os estados do país, há lugares em que o problema é mais frequente. Historicamente, o sul e sudeste do Pará, o norte do Mato Grosso e a região conhecida como Bico do Papagaio, no estado do Tocantins, concentram casos de exploração, principalmente durante os primeiros anos de resgates, entre 1995 e 2003. No Pará, até hoje, foram libertados 13.352 trabalhadores. O estado do Mato Grosso vem em seguida, com 6.169 resgatados, e posteriormente há Goiás e Minas Gerais com o resgate de 4.176 e 3.906 trabalhadores, respectivamente, segundo o Ministério da Economia.

Parte importante dessa recorrência se deve ao fato de a fronteira agropecuária avançar, principalmente, justamente de leste a oeste e de sul a norte. A floresta Amazônica que ainda resta nessas regiões de franja é devastada para dar lugar a pastagens e plantações de monoculturas. Nesse contexto, trabalhadores são empregados no desmatamento, na limpeza do terreno para pastos e no cercamento de propriedades, atividades árduas pelas quais se paga muito pouco ou, até mesmo, nada.

Na frente de trabalho, eles estão submetidos a condições degradantes, que contrariam a ideia de trabalho decente, termo convencionado pelos tratados internacionais como sendo aquele que provê salário digno, exercido em condições de segurança e proteção, e de acordo com a legislação trabalhista. Livre, portanto, de relações forçadas de submissão e de exploração, o trabalho decente é um direito humano através do qual o indivíduo tem a possibilidade de realizar sua existência para além da força e função produtivas. Nesse sentido, o trabalho escravo é a antítese mais radical do trabalho decente, por comprometer a dignidade e a liberdade do indivíduo, ambas compreendidas como bens jurídicos e valores inegociáveis.

QUAIS ATIVIDADES MAIS ESCRAVIZAM TRABALHADORES?

Por muito tempo, compreendeu-se que os trabalhadores escravos eram empregados exclusivamente em atividades rurais, já que a maior parte dos trabalhadores explorados foram resgatados de atividades ligadas à pecuária (1.916) e de lavouras diversas (487). No início das fiscalizações, a prática do trabalho escravo era identificada somente em lugares distantes de centros urbanos, muitas vezes de difícil acesso. Não foram poucos os casos em que as equipes de fiscalização levaram dias para conseguir chegar a uma fazenda para verificar uma denúncia.

Um setor econômico em que o problema era frequente era a colheita da cana-de-açúcar. Trabalhadores nordestinos migravam sazonalmente durante a safra, que dura entre três e quatro meses. Uma vez que o pagamento era feito por produção, o trabalhador se via impelido a cortar a maior quantidade de cana possível, o que o levava a executar uma atividade extenuante por até 16 horas consecutivas. Assim, quanto mais pesado o fardo cortado no dia, mais dinheiro receberia. O depoimento de um trabalhador, a seguir, está no livro organizado por José Roberto Novaes e Francisco Alves:

> Eu pensava assim: vou pro corte de cana, trabalho lá uns anos e volto pra cá. Compro umas vaquinhas de leite, boto umas roças aí nesses tabuleiros e vou vivendo com a família. Meu plano era isso. Fui, trabalhei, mas *coah*! O sujeito se mata de trabalhar e consegue mal o que comer. Quem falar que juntou dinheiro cortando cana tá mentindo. Trabalhei demais e fiquei inválido. Eu fui em 2004, mas as usinas não me aceitaram. Falaram que não tenho mais idade para cortar cana, que não consigo mais cortar do tanto que a usina quer. Porque era assim: quando eu comecei a cortar cana, a gente cortava e eles pesavam. Aí falava: você cortou 6 toneladas. Outra hora, falava: você cortou 7 toneladas. Era assim. Você cortava o tanto que podia. Agora, da última vez que eu fui e trabalhei, eles viviam em cima de mim dizendo que eu cortava muito pouco, que era pra cortar mais. Aí fui cortar mais. Não consegui. Desmaiei três vezes, os colegas me deram socorro. Me levaram pro caminhão, me deram um remédio, eu fiquei melhor, e o fiscal mandou eu trabalhar de novo. Depois falou que eu não conseguia mais cortar cana, que era pra cortar 10 toneladas por dia, e eu só tava cortando 6. Ele falou: o ano que vem, você não pode mais vir pra cá. Você não dá mais para o serviço. Mas eu mesmo assim teimei e fui. Cheguei e procurei outro turmeiro. Aí ele falou: "Você é o Lourival que desmaiou muito no ano passado. Você não dá mais para a cana." Falei: danou. E agora o que eu vou fazer? Vim embora e de lá pra cá estou nessa peleja de trabalhar hoje para pagar o que comi ontem. (Lourival)

Houve trabalhadores que literalmente morreram de trabalhar, outros tantos se viciaram em álcool e entorpecentes para suportar as dores físicas e a dura realidade. Apesar de a mecanização da colheita ter colaborado para a redução dos problemas trabalhistas no setor, ela não foi capaz de erradicar o trabalho escravo nos canaviais. Há registros de operadores de máquinas colhedoras que trabalharam em turnos de até 27 horas seguidas. Entre 2003 e 2013, 10.709 trabalhadores foram resgatados da condição de trabalho escravo no setor por fiscais do governo federal. O maior número de trabalhadores já resgatados numa mesma operação foi numa usina de cana-de-açúcar no município de Ulianópolis, no Pará. Na ocasião, 1.064 homens foram libertados.

A partir de 2004, com a vigência da nova redação do artigo 149 do Código Penal, que inclui as condições degradantes, a jornada exaustiva, a servidão por dívida e o trabalho forçado como componentes do crime do trabalho escravo contemporâneo, a fiscalização do Grupo Móvel passa a ser estendida a quase todo o território nacional. Com isso, a quantidade anual média de estabelecimentos fiscalizados sobe de 111 (1995-2003) para 220 (2004-2007) e atinge 306 entre 2008 e 2015, antes de regredir para 223 nos últimos anos (2016-2018). Nesse período, as Superintendências e as Gerências Regionais do Trabalho passaram a complementar a atuação do Grupo Móvel nacional, assumindo um terço das fiscalizações a partir de 2003 e a metade delas de 2008 em diante.

A ampliação dessa ação fiscal aliada à criação de novos instrumentos de combate ao trabalho escravo, como o cadastro de empregadores flagrados com mão de obra escrava, conhecido como a "lista suja", as pesquisas de cadeias produtivas, o Pacto Nacional pela Erradicação do Trabalho Escravo, colaboram para que as autoridades começassem a perceber o trabalho escravo em setores econômicos urbanos, como a construção civil e as oficinas de costura. O padrão de exploração era o mesmo encontrado em atividades rurais: trabalhadores migravam após serem aliciados em suas cidades de origem e chegavam ao local de trabalho já devendo o valor do deslocamento ou um adiantamento qualquer. Jamais conseguiam abater a dívida crescente e ilegal, que os obrigava a permanecer trabalhando sem qualquer direito. As condições de vida, que incluíam o local de moradia, a alimentação e o saneamento básico, eram tão precárias como aquelas que as equipes de fiscalização encontravam nas zonas rurais.

Com o passar dos anos, os trabalhadores nordestinos que seguiam em massa para o corte da cana migraram de atividade econômica, passando a ocupar os canteiros de grandes obras impulsionadas pelos incentivos governamentais. Ao mesmo tempo em que o setor da cana se retraía em virtude de uma crise, disponibilizando menos postos de trabalho, a construção civil conhecia o seu *boom*. Apesar dos investimentos bilionários e da geração de empregos, o crescimento da construção civil não foi capaz de melhorar as condições laborais. Acidentes graves e casos em que os trabalhadores eram submetidos a alojamentos precários, riscos à integridade física e jornadas acima do limite chamaram a atenção das equipes de fiscalização. Em 2013, no auge do crescimento do setor, foram resgatadas 852 pessoas dos canteiros de obra, o que corresponde a 38% do total dos libertados (2.229) daquele ano. Isso fez com que, pela primeira vez na história, o número de trabalhadores reduzidos à condição de escravos nos centros urbanos fosse superior ao das áreas rurais no Brasil.

De acordo com os dados da Comissão Pastoral da Terra (CPT), que incluem também resgates não computados pelo então Ministério da Economia, ou seja, aqueles realizados sem a participação de auditores fiscais do trabalho, observa-se o crescimento de resgates em atividades não rurais, chegando a ultrapassar o número dos resgates em atividades rurais, que, por sua vez, entra em declínio acentuado durante o período de 2007 a 2013.

OS MIGRANTES INTERNACIONAIS EM OFICINAS DE COSTURA

No caso das oficinas de costura, uma peculiaridade relevante distingue as vítimas dos demais casos: a maioria dos resgatados é migrante internacional, vinda majoritariamente da Bolívia, mas também de outros países da América do Sul, como Paraguai e Peru. Os dados nacionais indicam que 72% dos resgatados no setor têxtil são provenientes desses países. Em São Paulo, os migrantes internacionais resgatados das oficinas são praticamente a totalidade.

No contexto paulistano, os imigrantes bolivianos são frequentemente recrutados para trabalhar no setor têxtil, não raro em condições degradantes. Cerca de 40% dos migrantes bolivianos se dedicam ao trabalho em confecções. Os registros da Polícia Federal indicam que 68 mil bolivianos entraram no país entre 2010 e 2016. Contudo, aqui damos atenção ao grupo de bolivianos cuja situação migratória está irregular. Não há estimativas de quantos estão nessa situação no Brasil.

A Bolívia é um dos países com um dos piores IDH na América Latina, e muitos bolivianos que vivem em situação de penúria ou que simplesmente desejam uma vida melhor veem no território do país vizinho uma possibilidade de ascensão socioeconômica. Eles deixam suas províncias encantados por anúncios de ofertas de emprego – a maioria delas enganosa – ou convidados por parentes ou conhecidos próximos já fixados em São Paulo, trabalhando no setor têxtil. Os interessados se aglomeram esperando ser selecionados para a empreitada, mas nem todos são escolhidos. O que está por trás dessa seleção é o fato dos "gatos", os contratadores de mão de obra, já terem uma lista feita pelas confecções de São

Paulo, indicando perfil e características (inclusive físicas) dos trabalhadores. Em alguns casos os próprios donos de oficinas viajam até a Bolívia para recrutar empregados por meio de suas redes de familiares e conhecidos. Os selecionados partem para São Paulo e têm seus contratos de trabalho estabelecidos verbalmente. O valor da passagem é a primeira dívida contraída pelo imigrante com o aliciador.

Na viagem, a retenção de documentos por parte do empregador é comum e, na chegada, isso é utilizado como instrumento para chantagear o imigrante. Alguns imigrantes não possuem documentos de identificação nem mesmo no território boliviano.

Ao desembarcar são levados diretamente ao local de trabalho. Aqueles que chegam sem emprego definido também costumam não ter dificuldade de arranjar trabalho. Na praça Kantuta, redutos dos bolivianos na cidade, costumam ter vários anúncios de ofertas de trabalho nas oficinas de costura, onde o ritmo de produção é intenso e as jornadas podem durar até 18 horas. A ideia é trabalhar até o limite para conseguir produzir o máximo de unidades possível, a fim saldar a dívida inicial do deslocamento da Bolívia, que pode chegar a mais de R$ 1.500. Os trabalhadores levantam às seis horas da manhã e param por volta da meia-noite, uma hora da madrugada. Como vivem no mesmo local das oficinas, basta estender os colchões entre as máquinas para dormir. Logo que acordam, o posto de trabalho já os aguarda. As três refeições diárias não duram mais de meia hora. Em alguns casos, a alimentação é tão controlada que é permitido parar para comer apenas uma vez ao dia. Os custos com alimentação e produtos de limpeza são descontados do salário final, somados ao valor da habitação.

Uma vez que os valores são cobrados arbitrariamente (o aluguel, por exemplo, é bastante alto, considerando as condições físicas do local e o valor do salário), ao final do mês, o trabalhador fica com uma quantia mínima ou continua devendo ao empregador. Esse sistema de desconto irregular é chamado de "truck system" ou "sistema de barracão". A situação pode se tornar ainda mais grave quando o empregador retém o salário com o pretexto de guardá-lo, uma vez que os bolivianos indocumentados não podem abrir contas bancárias.

Além disso, há um clima de coerção psicológica e, não raro, de ameaças físicas para que os trabalhadores se mantenham submissos e comprometidos em pagar as dívidas que se acumulam diariamente. Viver no local de trabalho pode parecer apenas um detalhe decorrente de todas essas imposições, mas, na verdade, é um elemento fundamental para que essa relação de exploração perversa se mantenha.

Instalações elétricas aparentes e irregulares, tetos por desabar, estrutura comprometida, mofo e umidade são algumas das características bastante frequentes das oficinas/moradias. A reduzida metragem não é compatível com a quantidade de pessoas que vivem e trabalham ali. As famílias nem sempre têm privacidade, pois todos se aglomeram num único espaço ou, então, os cômodos são divididos improvisadamente, com pedaços de pano ou madeiras. Geralmente, há pouco espaço disponível entre as máquinas de costuras: amontam-se as peças de roupas costuradas, tecidos e retalhos por todos os lados. Nesse mesmo ambiente, os costureiros dormem e fazem suas refeições. As precárias condições de habitação se agravam quando o empregador tenta camuflar o local, tampando as janelas e trancando os portões para que vizinhos ou transeuntes não suspeitem de toda essa clandestinidade, que não se refere apenas à situação irregular do imigrante e à degradação do cortiço, mas também ao funcionamento da oficina.

A situação pode se tornar ainda mais precária e caótica se os filhos dos costureiros estiverem morando nas oficinas. Além de agravar a situação de precariedade do ambiente, a presença de dependentes amplia a vulnerabilidade do trabalhador. Antes de fazer uma denúncia ou mesmo abandonar o local, o trabalhador avalia se será possível garantir acolhimento à sua família.

Dos 704 trabalhadores imigrantes resgatados entre 2010 e 2017, a maioria era proveniente da Bolívia; foram 346 bolivianos libertados, em 35 casos. Mas também houve resgate de 141 haitianos e 141 paraguaios.

Nacionalmente, a proporção de estrangeiros entre os resgatados do trabalho escravo não é expressiva, já que representa menos de 1,5% do total. Mas quando esses dados são desagregados, a proporção é bastante distinta para alguns estados, como São Paulo (28%) e Roraima (17%). Em Santa Catarina e no Mato Grosso do Sul, a porcentagem está próxima de 10%. Esses são os dados de 4 dos 11 estados, onde migrantes internacionais foram resgatados. Além do setor da têxtil, eles foram explorados em atividades em estabelecimentos de alimentação, bares e restaurantes, na construção civil e no manejo florestal. Nesses ramos, eles eram, respectivamente, 19%, 7% e 4% do total das vítimas.

Nos últimos anos, o Brasil tem recebido crescentes fluxos migratórios, com destaque para populações em situação de vulnerabilidade, que se deslocaram por diferentes razões: sírios, angolanos e congoleses, fugindo da guerra civil, além de haitianos e venezuelanos, buscando oportunidades de emprego. Essas nacionalidades se somam a comunidades de bolivianos, peruanos e paraguaios, já consolidadas há décadas no município de São Paulo, local que historicamente é atração nas dinâmicas migratórias internas.

A comunidade haitiana, por exemplo, tem se estabelecido nos últimos anos em São Paulo, concentrada na região central do Glicério, mas também em áreas periféricas, como Perus. A despeito de muitos serem profissionalmente qualificados, já houve casos em que foram vítimas de trabalho escravo. Em 2013, uma fiscalização libertou 172 pessoas, dentre os quais 100 eram haitianos, que trabalhavam numa obra da mineradora Anglo American, em Minas Gerais. No mesmo ano, outros 21 migrantes do Haiti foram encontrados em situação de trabalho escravo no setor na construção civil, numa obra da Minha Casa Minha Vida, no Mato Grosso. Em 2014, foi registrado um caso de libertação de 14 haitianos trabalhando no setor.

Além das trajetórias de vida difíceis, muitos desses migrantes sofrem com estereótipos e preconceitos. Para parte da população, todo boliviano, por exemplo, trabalha em oficina de costura como "escravo". Compreensões desse tipo estigmatizam esses trabalhadores e generalizam a ocorrência de trabalho escravo nesse setor.

Os trabalhadores de outros países trazem consigo demandas específicas. Além da urgência da retirada do local de trabalho e do rompimento do vínculo trabalhista pelo qual são explorados, eles necessitam de atendimento relacionado às questões migratórias. Muitos estão no país em situação irregular, o que aumenta sua vulnerabilidade a situações de exploração. Essa condição é frequentemente utilizada pelos empregadores para ameaçar os imigrantes com denúncia às autoridades. O temor da deportação ou de outras sanções, a barreira do idioma e a ausência de laços sociais fazem o trabalhador migrante permanecer recluso e aceitar as condições de vida e de trabalho que lhe são impostas. Com o tempo, acabam criando uma relação perniciosa de dependência material e, muitas vezes, sentimental com aqueles que os exploram. Por isso, dificilmente denunciam as violações sofridas e acabam acreditando que o período de dificuldades será transitório, parte de um projeto de ascensão econômica. A esses migrantes não basta garantir que sua entrada no Brasil seja regularizada, é preciso prover formas para que possam se integrar ao país.

POR QUE NÃO CONSEGUIMOS ERRADICAR O TRABALHO ESCRAVO CONTEMPORÂNEO?

As equipes de fiscalização seguem empenhadas nos resgates, especializando-se e aprimorando suas ações para as operações de diferentes setores econômicos, com atenção às especificidades locais. Essa atuação tem sido amparada por um trabalho de inteligência dos órgãos do Estado. Contudo, as medidas não têm sido suficientes para a erradicação do trabalho escravo contemporâneo no país.

A grande questão é que a simples retirada do trabalhador do local onde é explorado resolve momentaneamente a situação, mas não soluciona o problema que o levou a ser aliciado e submetido a condições de trabalho escravo. Para compreender isso mais a fundo é preciso retomar as características elencadas no início deste capítulo.

O trabalho escravo contemporâneo é quase uma consequência fatal, articulada a privações de diversas naturezas na vida desses indivíduos. Assim, não seria o trabalho escravo a única experiência determinante a condená-los à inexistência cidadã, uma vez que eles já se encontram num contexto de marginalidade social. Essa relação de exploração é mais uma dentre as violações de direitos que sofrem. A informalidade e a invisibilidade estão presentes em tantas outras dimensões de suas vidas.

Diante disso, é preciso que as políticas públicas se atentem ao momento posterior ao resgate. O apoio após a libertação é fundamental não apenas por questões de proteção e segurança, mas também para evitar que o trabalhador volte às mesmas condições que um dia o levaram a buscar um emprego precário e acabe novamente aliciado, completando o que chamamos de ciclo do trabalho escravo contemporâneo.

A assistência à vítima envolve uma série de medidas, que inclui o atendimento imediato à saúde do trabalhador, passando por sua inclusão e a de sua família em programas sociais e, sobretudo, pelo acompanhamento do resgatado por parte de profissionais de órgãos competentes da Assistência Social e da Saúde. Desde 2003, os trabalhadores resgatados são cadastrados no Programa Seguro-Desemprego para que recebam, por um período de três meses, um salário mínimo. O intuito é garantir o mínimo de subsistência para que tenham tempo para conseguir uma nova ocupação. Ainda que essa seja uma política fundamental, sua verdadeira eficácia depende de uma articulação com outras iniciativas de proteção ao trabalhador e à sua família. Nem todos os trabalhadores resgatados, por exemplo, são inseridos no Cadastro Único ou recebem o Bolsa Família.

Nas últimas décadas, houve experiências que apoiaram trabalhadores resgatados. Grande parte delas foi conduzida por entidades da sociedade civil, como a CPT. Um exemplo bem-sucedido de ação foi a assessoria prestada a resgatados da fazenda Rio Tigre, no município de Santana do Araguaia, sul do Pará, em 2004. A CPT apoiou e assessorou o processo organizativo desses trabalhadores, que, após cinco anos, e com muita luta, conquistaram o direito à posse de terras oriundas da reforma agrária para a construção de um assentamento, o Nova Conquista, em Monsenhor Gil, no Piauí. Apesar disso, a comunidade reclama de abandono por parte do poder público quanto ao apoio e a assistência para a produção.

Ações desse tipo precisam contar com o protagonismo do Estado para que sejam cada vez mais perenes e menos pontuais. Ainda que a assistência à vítima seja relevante para que o indivíduo seja capaz de reverter sua condição de vulnerabilidade, é essencial também um sistema amplo de prevenção ao trabalho escravo contemporâneo e (re)inserção dos envolvidos.

Uma pessoa que retorna ao seu local de origem após a experiência de ser explorada carrega consigo um estigma devastador. Os homens libertados são consumidos pela vergonha de retornar sem dinheiro e terem sido humilhados nos locais de trabalho. Não raro, não suportam o constrangimento e decidem não mais voltar ao local de origem, caindo no mundo e tornando-se então "peões de trecho".

Além de evitar que o indivíduo passe por essas experiências, a prevenção tem a possibilidade de desestabilizar uma prática sistemática de violação de direitos humanos, dado que suas ações são capazes de incidir na estrutura do problema. Para o programa de educação Escravo, nem Pensar! da organização não governamental Repórter Brasil, a difusão de informações é uma das formas eficazes de prevenção, pois além de alertar aos indivíduos dos riscos do trabalho escravo contemporâneo, é possível promover a mobilização por meio de iniciativas realizadas pelas próprias comunidades.

Para que isso aconteça é preciso que a prática do trabalho escravo contemporâneo seja compreendida como um crime, uma grave violação de direitos humanos que não pode ser aceita ou consentida.

Nesse sentido, a educação pode desempenhar um papel transformador, pois não existe praticamente nenhuma cidade brasileira que não tenha uma escola. O desafio é fazer com que o trabalho escravo contemporâneo seja abordado pelas disciplinas escolares, para que essa discussão possa ganhar capilaridade e repercuta, sobretudo, nas comunidades mais suscetíveis ao aliciamento e à ocorrência desse crime. Isso só é possível a partir do trabalho de difusão de informação realizado por educadores, que têm contato constante com estudantes jovens e adultos, alguns inclusive visados por aliciadores por estarem no mercado de trabalho. Os alunos, por sua vez, também são pontos de disseminação de informação e podem dividir o conteúdo que receberam na escola entre seus familiares e o restante da comunidade. A ideia do trabalho preventivo é plantar uma semente que possa, pouco a pouco, se enraizar na própria comunidade onde o problema ainda existe.

MULHERES E O TRABALHO ESCRAVO

Como vimos, os dados nacionais indicam que a maioria dos trabalhadores resgatados de situações de trabalho escravo são homens. Dados do Seguro-Desemprego apontam para a predominância absoluta dos homens entre as pessoas que trabalham em condição análoga à de escravo: 94,8% do total, no período de janeiro de 2003 a junho de 2018. Ainda que essas características sejam decorrências de dados coletados da realidade, essa generalização pode eclipsar alguns aspectos importantes, que se evidenciam somente se as informações forem desagregadas. O fato de nos focarmos somente nas estatísticas nacionais pode nublar a necessidade de formular medidas que levem em conta demandas específicas de mulheres resgatadas.

Em muitos resgates em frentes de trabalho rural, em que a massa de trabalhadores é majoritariamente formada por

O PERFIL DOS SOBREVIVENTES

homens, as mulheres desempenham funções domésticas e, com muita frequência, sofrem com a falta de privacidade e também com abusos sexuais. Há ainda situações em elas são forçadas a se prostituir, como foi o caso de trabalho escravo para a exploração sexual nos arredores da usina hidrelétrica de Belo Monte, no Pará. Houve dificuldade das mulheres terem seus direitos garantidos como vítimas de trabalho escravo, porque parte das autoridades públicas não reconheceu que a atividade a que eram submetidas era uma forma de trabalho. Situações como essa contribuem para que o número mulheres vítimas de trabalho escravo para fins de exploração sexual seja sequer contabilizado.

Se olharmos atentamente para os casos das oficinas de costura no estado de São Paulo, há desafios para a formulação e execução de políticas públicas relacionadas à maternidade e à violência doméstica sofrida pelas vítimas. No caso de gestantes, muitas não conseguem fazer o acompanhamento pré-natal por desconhecerem os serviços de assistência social e saúde a que têm direito ou mesmo por dificuldades em deixar o local de trabalho por cerceamento de liberdade ou pelas extensas jornadas de trabalho. Há também as dificuldades de cuidar de filhos pequenos, ausência de vagas em creches e de moradia adequada. A violência doméstica é uma realidade bastante presente na vida de mulheres migrantes em situação de vulnerabilidade, mas faltam medidas específicas para cuidar dessa questão, mais um elemento que demonstra a necessidade de se aprofundar o entendimento da relação existente entre trabalho escravo e questões de gênero.

As mulheres ainda podem se tornar vítimas do trabalho escravo segundo outra perspectiva, a qual é perversamente invisível e não menos cruel. Tratam-se das chamadas "viúvas de maridos vivos", presentes em comunidades marcadas pela periodicidade da migração da precisão.

105

PONTO FORA DA CURVA

Apesar de apontarmos neste texto que as vítimas do trabalho escravo são, em geral, pessoas em situação de vulnerabilidade socioeconômica, é preciso ter em vista que há exceções importantes. Em 2014, uma operação realizada num cruzeiro resgatou 11 pessoas que trabalhavam como funcionários do restaurante e de governança na embarcação de luxo. A maior parte deles tinha qualificação profissional e ensino superior. Com o sonho de viajar para diferentes lugares do mundo e acumular dinheiro rapidamente, as vítimas aceitaram se submeter a jornadas exaustivas e condições degradantes.

Outro exemplo de vítimas que não se encaixam no perfil mais recorrente foi o caso de dez jovens aliciados para trabalhar como modelos e atores no Rio de Janeiro. Enquanto aguardavam a proposta da vida artística se concretizar, viviam juntos num alojamento precário e trabalhavam em eventos como garçons e recepcionistas, cumprindo jornadas extensas e sem remuneração. As vítimas sofriam ainda abusos sexuais e não deixavam o local onde estavam alojados por não terem recursos e também por acreditarem nas reiteradas promessas dos aliciadores, demonstrando que nem sempre a vulnerabilidade é somente material.

Nota

[1] Os números sobre trabalho escravo mencionados neste capítulo têm como base os dados brutos estatísticos da Subsecretaria de Inspeção do Trabalho do Ministério da Economia, o registro do Seguro-Desemprego e os relatórios produzidos pelos auditores fiscais do trabalho, decorrentes das inspeções de casos de trabalho escravo. Esses dados são sistematizados pela Comissão Pastoral da Terra, que, além de dados primários colhidos pela própria entidade, inclui também em suas estimativas outras fontes de informação, como aquelas do Ministério Público do Trabalho e da mídia.

Referências bibliográficas

ABRAMO, Lais. *Uma década de promoção do trabalho decente no Brasil*: uma estratégia de ação baseada no diálogo social. Brasília, 2015.

CASALDÁLIGA, P. *Uma igreja da Amazônia em conflito com o latifúndio e a marginalização social*. São Félix do Araguaia, 1971. Disponível em: <http://www.prelaziasaofelixdoaraguaia.org.br/uma-igreja-na-amazonia/umaigreja.htm>. Acesso em: 5 abr. 2014.

DUPRÉ, Anali; ZOCCHIO, Guilherme. "Fiscais flagram trabalho escravo em cruzeiro de luxo". Disponível em: <https://reporterbrasil.org.br/2014/04/fiscais-flagram-trabalho-escravo-em-cruzeiro-de-luxo/>. Acesso em: 3 jan. 2019.

GLASS, Verena. "Adolescente é resgatada de prostíbulo em Belo Monte". Disponível em: <https://reporterbrasil.org.br/2013/02/adolescente-e-resgatada-de-prostibulo-em-belo-monte/>. Acesso em: 3 jan. 2019.

MOURA, Flávia de Almeida. *Escravos da precisão: economia familiar e estratégias de sobrevivência de trabalhadores rurais em Codó (MA)*. São Luís do Maranhão, 2006. Disponível em: <http://www.livrosgratis.com.br/ler-livro-online-30089/escravos-da-precisao--economia-familiar-e-estrategias-de-sobrevivencia-de-trabalhadores-rurais-em-codo-ma>. Acesso em: 3 jan. 2019.

NOVAES, José Roberto; ALVES, Francisco (Orgs.). *Migrantes*: trabalho e trabalhadores no complexo agroindustrial canavieiro (os heróis do agronegócio brasileiro). São Carlos: EdUFSCar, 2007.

OIT. *Perfil dos principais atores envolvidos no trabalho escravo rural no Brasil*. Brasília, 2011.

PRETURLAN, Renata. *Mobilidade e classes sociais*: o fluxo migratório boliviano para a cidade de São Paulo. São Paulo, 2011. Dissertação (Mestrado em Sociologia) – Faculdade de Filosofia, Letras e Ciências Humanas, Universidade de São Paulo.

REPÓRTER BRASIL. *Especial: Caso Pagrisa*. 2007. Disponível em: <https://reporterbrasil.org.br/2007/10/especial-caso-pagrisa/>. Acesso em: 3 jan. 2019.

_____. *As condições de trabalho no setor sucroalcooleiro*. 2015. Disponível em: <http://escravonempensar.org.br/biblioteca/as-condicoes-de-trabalho-no-setor-sucroalcooleiro-3/>. Acesso em: 3 jan. 2019.

ROSSI, Camila. *Nas costuras do trabalho escravo*: um olhar sobre os imigrantes ilegais que trabalham nas confecções de São Paulo. São Paulo, 2005. Monografia (Trabalho de Conclusão de Curso em Comunicação com Habilitação em Jornalismo) – Escola de Comunicações e Artes, Universidade de São Paulo.

R7. "Sonho de ser modelo vira trabalho escravo no Rio". Disponível em: <https://noticias.r7.com/rio-de-janeiro/cidade-alerta-rj/videos/exclusivo-sonho-de-ser-modelo-vira-trabalho-escravo-no-rio-21022018>. Acesso em: 3 jan. 2019.

WROBLESKI. Stefano. "Fiscalização resgata haitianos escravizados em oficina de costura em São Paulo". *Repórter Brasil*. Disponível em: <https://reporterbrasil.org.br/2014/08/fiscalizacao-resgata-haitianos-escravizados-em-oficina-de-costura-em-sao-paulo/>. Acesso em: 3 jan. 2018.

_____. "Imigrantes haitianos são escravizados no Brasil". *Repórter Brasil*. Disponível em: <https://reporterbrasil.org.br/2014/01/imigrantes-haitianos-sao-escravizados-no-brasil/>. Acesso: 3 jun. 2019.

COMO O MUNDO ENFRENTA O TRABALHO ESCRAVO CONTEMPORÂNEO

RENATO BIGNAMI

O trabalho escravo contemporâneo ainda é praticado na imensa maioria das regiões do mundo, com características diversas daquelas praticadas na Antiguidade. O presente capítulo apresenta brevemente a intensidade e diversidade de formas pelas quais o trabalho escravo contemporâneo se expressa ao redor do mundo e como os Estados vêm desenvolvendo políticas e mecanismos de enfrentamento aos ilícitos correlatos, a partir de algumas experiências nacionais que se destacam no cenário.

A Organização Internacional do Trabalho (OIT) publicou, em 2017, as mais completas estimativas da prevalência do trabalho escravo contemporâneo no mundo atual, incluindo o trabalho forçado, o tráfico de pessoas e outras formas de submissão de pessoas. Assim, a OIT avalia que existem, atualmente, por volta de 40 milhões de pessoas em uma relação de escravidão

109

contemporânea ao redor do mundo. No que diz respeito à prevalência, estima-se que de cada mil pessoas, 5,4 encontravam-se em regime de trabalho escravo contemporâneo. A razão, porém, varia de acordo com o país, a região ou o continente. Na África, por exemplo, a estimativa projeta 7,6 pessoas escravizadas em cada mil. Na Ásia, esse número cai para 6,1 por mil, enquanto na Europa e na Ásia central a projeção alcança 3,9 pessoas por mil. Nas Américas, a estimativa é de 1,9 pessoas por mil.

Com relação às modalidades de exploração, dessas cerca de 40 milhões de pessoas estimadas, a OIT calcula haver 25 milhões em situação de trabalho forçado e 15 milhões em casamento forçado. Das 25 milhões de pessoas consideradas sob situação de trabalho forçado, a OIT avalia que em torno de 15 milhões sejam submetidas ao trabalho escravo contemporâneo no âmbito do setor privado, ou seja, por volta de 38% do total.

Nesse particular, é importante a compreensão de que a interposição da nomenclatura tráfico de pessoas e trabalho escravo contemporâneo, bem como a interdependência e inter-relação desses dois termos, é bastante pertinente, pois a exploração do trabalho escravo é uma das principais finalidades do mercado clandestino caracterizado pelo tráfico de seres humanos: onde há trabalho escravo, está configurado o tráfico de pessoas. A intensificação dos fluxos migratórios contemporâneos, muitos dos quais relacionados ao aumento dos conflitos bélicos, bem como com a acentuação das assimetrias econômicas entre as diversas regiões do planeta, também possui um papel central na definição jurídica das melhores e mais adequadas abordagens de enfrentamento tanto do tráfico de pessoas quanto do trabalho escravo.

Assim, aqueles estimados 15 milhões de trabalhadores em situação de trabalho forçado no setor privado estariam distribuídos da seguinte forma: 23,4% no trabalho doméstico, 18,2%

na indústria da construção civil, 15,1% na manufatura, 11,3% no agronegócio, 9,5% no setor da restauração e hotelaria, 9,2% no comércio atacadista, 6,8% nos serviços pessoais, 4% na mineração e 1,6% restantes em outras atividades. A dimensão das estimativas, aliada à intensidade da reestruturação produtiva perpetrada pelo setor produtivo nas últimas décadas, demonstra a gravidade do problema e orienta as políticas públicas mais adequadas para o enfrentamento.

A partir da influência jurídica das definições e mecanismos de enfrentamento consolidados no âmbito dos sistemas internacionais de proteção aos direitos humanos, formataram-se as diversas abordagens de enfrentamento ao trabalho escravo contemporâneo observadas hoje ao redor do mundo. Algumas estratégias concentram seus esforços nas medidas de caráter repressivo, notadamente aquelas relacionadas às políticas criminais e de constrição econômica existentes em determinado ordenamento jurídico. Outras procuram adotar abordagens mais holísticas, que buscam garantir proteção às vítimas, recompor seus direitos trabalhistas e prevenir novos casos. Nenhuma abordagem está isenta de críticas, já que o fenômeno do trabalho escravo contemporâneo é complexo e ainda não está inteiramente compreendido em todas as suas nuances. No entanto, alguns sistemas se destacam em virtude da inovação, da intensidade das medidas adotadas e de sua capacidade de influenciar outros países a adotarem práticas semelhantes de enfrentamento.

ESTADOS UNIDOS

O sistema jurídico norte-americano é baseado nos preceitos da *Common Law*, o que o torna particularmente diverso daqueles lastreados no direito romano-germânico, como o

111

brasileiro. Dessa forma, há definições, sistemáticas e modelos de enfrentamento distintos de acordo com o estado federativo.

No entanto, em virtude da dimensão da questão a ser enfrentada, adotaram-se, nos Estados Unidos, normas e procedimentos centralizados pelo governo federal. Assim, eles utilizam um modelo bastante holístico, com forte influência de medidas prioritariamente criminais, efetivadas ao lado de outras de caráter recompositor dos direitos dos trabalhadores e de responsabilização daqueles que perpetraram a violação dos direitos fundamentais. Adotam os conceitos consagrados nos tratados internacionais, aproximando a definição de tráfico de pessoas contida no Protocolo de Palermo, do qual foi forte impulsionador no âmbito da ONU, da definição de "escravidão moderna" (*modern slavery*). O ordenamento norte-americano abrange definições e formas de enfrentamento da escravidão, do tráfico de pessoas, do trabalho forçado, da peonagem, da servidão, do trabalho infantil e da exploração sexual.

A Lei de Proteção às Vítimas do Tráfico de Pessoas (*Trafficking Victims Protection Act*), de 2000, promulgada durante o governo Bill Clinton, é a norma mais relevante nesse contexto. Além de determinar de forma compreensiva vários aspectos do tráfico de pessoas, essa norma jurídica contempla também a determinação para que o governo federal atue sempre na modalidade de força-tarefa entre as distintas agências governamentais.

De composição eclética, a *task force* do Poder Executivo, criada pela lei americana, reúne sob a coordenação da Casa Branca os seguintes departamentos: Estado, Tesouro, Defesa, Interior, Agricultura, Justiça, Trabalho, Saúde e Serviços Humanos, Transporte, Educação, Segurança Interna, além do Escritório do Representante de Comércio dos Estados Unidos, da Agência de Desenvolvimento Internacional e da Comissão para as Oportunidades Iguais de Emprego.

Parte substancial desses esforços é levada adiante pela Agência Federal de Fiscalização da Lei de Relações Justas de Trabalho (*Fair Labor Relations Act*), a Divisão de Salários e Jornada de Trabalho (*Wage and Hour Division*), que opera no âmbito do Departamento de Trabalho. Por meio das inspeções *in situ*, os investigadores podem verificar o cumprimento da legislação de proteção ao trabalho e aplicar as penalidades incidentes, além de detectar potenciais ocorrências de trabalho escravo.

Ainda no âmbito das medidas editadas pelo Poder Executivo, chama a atenção a iniciativa lançada pela administração Obama ao publicar o Decreto Presidencial (*Executive Order*) nº 13.627, de 25 de setembro de 2012, que visa ao fortalecimento das medidas protetivas e preventivas do tráfico de pessoas nas contratações públicas federais. O governo norte-americano reconhece ser o maior comprador individual do mundo e, portanto, possui grande responsabilidade na promoção de melhores das condições de trabalho em seus fornecedores de bens ou serviços. A administração Donald Trump, entretanto, ao reeditar a norma, por meio do Decreto Presidencial (*Executive Order*) nº 13.773, de 9 de fevereiro de 2017, reduziu substancialmente as medidas impostas pelo Poder Executivo a seus fornecedores com vistas a prevenir o tráfico de pessoas, ampliando o risco de ocorrências em sua cadeia de fornecimento.

Os Estados Unidos contam ainda com longa tradição de defesa dos direitos individuais fundamentais, por meio da intensa atividade desenvolvida por centenas de entidades do terceiro setor. Dessa forma, entidades da sociedade civil organizada, como a Free the Slaves, o Projeto Polaris e a Human Trafficking Pro Bono Legal Center, geram conhecimento, disseminam informações, reúnem denúncias e atuam efetivamente em favor das vítimas de tráfico de pessoas, tanto no âmbito judicial, para buscar a reparação necessária pelas violações de direitos humanos, quanto por meio de *lobby* e *advocacy* junto aos diversos organismos oficiais de repressão, e são em grande parte responsáveis pelos avanços legislativos consolidados nas últimas décadas.

No âmbito da regulação estadual, destaca-se a Lei de Transparência em Cadeias de Fornecimento, de 2010, da Califórnia (*California Transparency in Supply Chains Act*). A legislação inovou ao determinar a publicação de declarações corporativas que expressem os esforços de determinadas empresas na prevenção da ocorrência do tráfico de pessoas em suas cadeias de fornecimento. Segundo a lei californiana, apenas as empresas varejistas e manufatureiras que operarem naquele estado e faturarem mais de US$ 100 milhões por ano deveriam publicar a declaração. Críticos da lei afirmam que ela é inócua e inefetiva para alcançar os fins proferidos, pois a única obrigação que cria é a publicação da declaração corporativa no *site* da empresa, ainda que ela seja negativa, ou seja, que reconheça a completa inexistência de políticas de prevenção de tráfico de pessoas no âmbito corporativo. Não obstante, trata-se de lei pioneira no sentido de ampliar a transparência das cadeias globais de fornecimento, assim como de estimular o desenvolvimento de uma doutrina baseada no dever de vigilância (*due diligence*) sobre questões sociais e ambientais nas mesmas estruturas.

REINO UNIDO

O Reino Unido concentra seus esforços também em modelo holístico de enfrentamento, fortemente respaldado nas medidas penais, à semelhança dos Estados Unidos. Também influenciado pelos postulados da *Common Law*, o sistema jurídico britânico vem sendo aperfeiçoado para enfrentar o trabalho escravo contemporâneo de forma sistêmica e coordenada, por meio da edição de um marco legal geral que aborde as diversas facetas jurídicas relativas aos ilícitos derivados da superexploração do trabalho. Assim, a lei geral de enfrentamento ao tráfico de pessoas, ao trabalho forçado, a todo tipo de servidão e à escravidão é a recentemente editada Lei da Escravidão Moderna (*Modern Slavery Act*), de 2015, impulsionada pela então ministra do Interior britânica, posteriormente investida como primeira-ministra, Theresa May.

A nova lei define, de forma pioneira no âmbito jurídico, a terminologia "escravidão moderna" para essa reunião de ilícitos, empregada anteriormente de maneira informal, a fim de reunir sob uma mesma denominação algumas das formas clássicas de superexploração laboral, ao lado das atuais. Dessa maneira, a lei britânica conceitua "escravidão moderna" como a ocorrência de qualquer um dos ilícitos relacionados com a escravidão, a servidão, o trabalho forçado ou compulsório e o tráfico de pessoas. Não obstante, a amplitude alcançada pela miríade de situações que são consideradas "escravidão moderna" tende a se reduzir quando observados os elementos de cada um desses tipos penais, pois todos apresentam como requisito mínimo comum o pleno e inequívoco conhecimento e intencionalidade do autor sobre a ilicitude do fato que está cometendo, aproximando-os de tipos penais dolosos. Dessa forma, a legislação britânica tem sido apontada por determinados setores como demasiadamente leniente e pouco efetiva, pois uma parte substancial da superexploração laboral ocorre de forma dissimulada, com nítidos contornos fraudulentos, sem que, necessariamente, o dolo específico esteja presente.

Diversos mecanismos procedimentais, executados judicialmente, são previstos na lei, como as ordens de confisco (*confiscation orders*), voltadas para o arresto de bens relacionados aos crimes cometidos; de reparação (*reparation orders*), efetivadas para recompor direitos subtraídos no âmbito da relação abusiva; de prevenção (*prevention orders*), que visam a impedir que violações de direitos fundamentais relacionados à escravidão moderna ocorram; e de risco (*risk orders*), relacionadas às determinações destinadas a preservar a integridade física das vítimas. Não obstante, críticos da legislação britânica afirmam ser ela pouco protetiva em relação às vítimas, focando-se muito mais na punição criminal dos perpetradores imediatos do que na proteção daqueles que sofrem.

Outro ponto de destaque da lei britânica foi a criação de um comissário independente antiescravidão (Independent Anti-Slavery Commissioner), indicado pelo Secretário de Estado, com funções para estimular boas práticas em prevenção, detecção, investigação e repressão da escravatura e delitos de tráfico de seres humanos, assim como na identificação das vítimas dessas infrações. Para tanto, o comissário goza de autonomia e independência, dispondo de uma ampla gama de medidas à disposição, tais como a elaboração de relatórios anuais e planos estratégicos sobre o tema, a realização de estudos, a formulação de recomendações às diversas agências que lidam com a questão, o fornecimento de informações, a educação e a formação para agentes públicos e representantes da sociedade civil organizada que se dedicam ao enfrentamento, devendo todas as demais autoridades cooperar com o bom andamento de seus trabalhos.

O dever de cooperar com o comissário independente é estendido às agências competentes para investigar crimes, quer sejam em nível local ou não (National Crime Agency e polícias locais); aos entes responsáveis pela imigração (UK Border Force e Home Office), em virtude da lei britânica estar fortemente influenciada pelo combate à imigração irregular como corolário do enfrentamento ao tráfico de pessoas; às autoridades de inspeção das condições de segurança e saúde (National Health Service), como o corpo nacional de inspeção do trabalho, que exerce atividade prioritariamente nos locais de trabalho; e, aos órgãos de controle das agências privadas de emprego e intermediação de mão de obra (Gangmasters Licensing Authority), em virtude do potencial de interface com alguns dos atos relacionados com o tráfico de pessoas.

No que diz respeito aos mecanismos de responsabilização das cadeias de fornecimento, a lei britânica também menciona a obrigação da transparência como meio de prevenir a ocorrência de violações dos direitos fundamentais dos trabalhadores. Para esse fim, as empresas de qualquer setor econômico com faturamento anual superior a £ 36 milhões devem preparar e publicar uma declaração sobre quais medidas são efetivadas no âmbito de suas cadeias de fornecimento, com vistas a garantir que o tráfico de pessoas e o trabalho escravo contemporâneo não ocorram.

A declaração deverá conter diversas informações prescritas na lei, tais como a natureza do negócio e sua cadeia de fornecedores; suas políticas em relação à prevenção do tráfico de pessoas e do trabalho escravo contemporâneo; uma análise de risco, relativa ao seu próprio negócio e à sua cadeia de fornecedores em que haja perigo de ocorrência dos crimes cobertos pela lei; as medidas de devida diligência (*due diligence*) efetivadas com vistas a prevenir as violações de direitos fundamentais que contenham, inclusive, indicadores de desempenho; e as atividades de treinamento dos trabalhadores de sua cadeia de fornecimento destinadas à prevenção do delito. A declaração deverá ser publicada no *site* da empresa ou, na sua ausência, fornecida por escrito a qualquer cidadão que a requeira, dentro de um prazo de 30 dias.

Apesar da determinação legal, entretanto, diversas empresas de relevo na economia britânica deixaram de publicar a declaração no ano de 2016, primeiro em que a obrigação encontrava-se em vigor. Das 100 empresas que compõem o índice Financial Times Stock Exchange 100 Index (FTSE 100), as mais rentáveis da bolsa de Londres, apenas 27 haviam produzido declarações em conformidade com o disposto na lei britânica e, dessas, apenas 2 produziram documentos considerados satisfatórios por um estudo publicado no fim do ano. Mais ainda, de todas as cerca de 11 mil empresas obrigadas pelo recorte contido na definição legal, apenas 19% efetivaram essa obrigação.

Assim como nos Estados Unidos, no Reino Unido também atuam diversas entidades da sociedade civil organizada com foco no enfrentamento do trabalho escravo. Dessas, destaca-se o trabalho realizado por Anti-Slavery International, Focus on Labour Exploitation (FLEX) e Business and Human Rights Resource Centre.

AUSTRÁLIA

A Lei da Escravidão Moderna britânica também inspirou o legislador australiano a adotar medidas semelhantes naquele país, afetando cerca de 3 mil empresas com a edição do *Modern Slavery Act 2018*, no final de 2018. De teor semelhante a seu par britânico, a lei australiana conta, entretanto, com alguns avanços aprendidos a partir dos (poucos) sucessos e (alguns) fracassos da experiência britânica.

Assim, a lei australiana exige que todas as empresas sediadas ou operando naquele país, que possuam uma receita anual superior a 100 milhões de dólares australianos, relatem todos os anos quais os riscos existentes nas suas operações comerciais de ocorrência de trabalho escravo contemporâneo, assim como nas transações com sua cadeia de fornecimento, bem como as ações efetivadas para lidar com esses riscos. Outras entidades baseadas ou operando na Austrália que não sejam alcançadas pela limitação econômica determinada na lei podem também reportar de maneira voluntária.

A lei australiana foi além da britânica ao integrar o setor público nas mesmas obrigações do privado. Assim, é necessário que a Comunidade das Nações (*Commonwealth*) apresente os relatórios em nome das empresas públicas e órgãos da administração pública. Da mesma forma que ocorre com a iniciativa privada, os requisitos desse relatório a ser apresentado também são aplicáveis às entidades corporativas e empresas da *Commonwealth* que possuam uma receita consolidada anual superior a AU$ 100 milhões.

Quanto às definições sobre o que seria considerado trabalho escravo contemporâneo, segundo a lei australiana, há uma equiparação no conteúdo, com uma sutil vantagem com relação à sua congênere britânica. A inovação aportada pela lei australiana, ao incluir o trabalho infantil, foi a referência às suas piores formas, nos termos da Convenção nº 182, da OIT.

É no objeto da declaração a ser elaborada pelas empresas, entretanto, que reside a principal diferença entre as duas legislações. Enquanto a lei britânica sugere algumas medidas, sem torná-las obrigatórias, a australiana é peremptória, criando obrigações de conteúdo para as empresas. Assim, o referido pronunciamento corporativo deverá conter, entre outras, as seguintes partes: descrição de sua estrutura, operações e cadeia de fornecimento; mapeamento dos riscos quanto às práticas de escravidão contemporânea nas suas operações e cadeia de fornecimento, assim como quanto a quaisquer entidades que possua ou controle; detalhamento das ações tomadas para avaliar e abordar esses riscos, incluindo processos de devida diligência e remediação, tanto com relação às suas próprias operações, quanto àquelas realizadas por qualquer entidade que possua ou controle; avaliação quanto à eficácia de tais ações.

As declarações deverão ainda contar com a aprovação do mais alto dirigente da organização. Uma vez aprovados, os relatórios serão mantidos pelo Poder Público em um repositório conhecido como Registro das Declarações da Escravidão Moderna, que poderá ser acessado, gratuitamente, na internet.

A lei australiana também determina a formação de forças-tarefa que contem com diversos entes da administração pública, a exemplo do Fair Work Ombudsman (FWO), a inspeção do trabalho daquele país, que tem por missão fazer cumprir a legislação de proteção ao trabalho em território australiano.

A lei recebeu algumas críticas por não conter sanções no caso de descumprimento. Dessa forma, observa-se o quanto ainda estamos distantes de um sistema jurídico minimamente perfeito, com relação aos regimes de responsabilização das empresas por submissão de trabalhadores ao trabalho escravo contemporâneo. Será necessário, assim, buscar inspiração em regimes diversos, que possam aportar mecanismos distintos e mais efetivos que aqueles desenvolvidos nos países de tradição anglo-saxã, bastante influenciados pela doutrina da responsabilidade social corporativa.

FRANÇA

Diferentemente dos três modelos anteriores, a França, país de tradição jurídica romano-germânica, possui uma legislação de natureza social bastante abrangente e políticas bem estabelecidas contra o que sua legislação denomina como trabalho ilegal (*travail illégal*), ilícito trabalhista que pode envolver, e geralmente abarca, o conceito de tráfico de pessoas, de servidão e de trabalho escravo contemporâneo. Todas essas figuras encontram-se igualmente tipificadas no Código Penal francês. O Departamento-Geral do Trabalho (Direction Général du Travail – DGT), órgão encarregado, dentro da estrutura do Ministério do Trabalho, do controle de regularidade das relações de trabalho na França, realiza inspeções frequentemente a fim de combater o trabalho ilegal e, de forma transversal, o trabalho escravo contemporâneo.

Assim, o Código do Trabalho descreve, de forma detalhada e clara, algumas disposições sobre o trabalho ilegal. O trabalho dissimulado (*travail dissimulé*), o tráfico de trabalhadores (*marchandage*), o fornecimento ilícito de trabalhadores (*prêt illicite de main d'oeuvre*) e o emprego de estrangeiros sem visto de trabalho (*d'emploi étrangers sans titre de travail*) são violações da legislação social indicativas da ocorrência do trabalho escravo contemporâneo e devem ser mais bem observadas no enfrentamento diário realizado pelas forças-tarefa organizadas pelo Poder Executivo francês. Assim, a partir dessas definições, elaboram-se as políticas nacionais de enfrentamento a fim de contemplar a crescente preocupação com a proliferação de formas extremamente precárias de trabalho, ao mesmo tempo em que reafirmam o papel essencial da proteção da relação de emprego na promoção do trabalho decente.[1]

Essa bem estabelecida classificação das fraudes sociais, prevista na lei, facilita o desempenho das tarefas atribuídas à inspeção do trabalho de controle e prevenção do trabalho escravo contemporâneo, do tráfico de pessoas, das servidões e de outras formas de violência e precariedade no ambiente de trabalho. Na realidade, uma legislação suficientemente clara sobre as formas fraudulentas que podem desvirtuar a relação de emprego é fundamental para estabelecer uma resposta satisfatória e efetiva por parte dos órgãos de controle.

A inspeção do trabalho é um elemento-chave na luta contra a fraude e em favor da relação de emprego na França, atuando como principal articuladora das forças-tarefa realizadas para enfrentar o trabalho escravo contemporâneo. A fim de concretizar a atividade administrativa, a DGT vem publicando uma série de atos, principalmente no decorrer da última década. Esses atos são a resposta a uma ampla determinação do governo de instituir um Plano Nacional de Luta Contra o Trabalho Ilegal (Plan National de Lutte Contre le Travail Illégal).

Uma comissão nacional (Comission Nationale de Lutte Contre le Travail Illégal) foi criada a fim de estabelecer metas e prazos para o cumprimento do plano. Inspetores do trabalho, magistrados, policiais, servidores da União das Cotizações da Seguridade Social e Alocações Familiares (Unions de Recouvrement des Cotisations de Sécurité Sociale et d'Allocations Familiales – URSSAF) e as autoridades tributárias agem em conjunto para enfrentar as atividades fraudulentas por meio da criação de um pacote abrangente de sanções, remédios jurídicos, medidas preventivas e informações para toda a população.

Da mesma forma, o Conselho de Ministros francês adotou, em 2014, pela primeira vez, um Plano de Ação Nacional Contra o Tráfico de Pessoas (Plan D'Action National Contre la Traite des Êtres Humains) que indicava, como uma das medidas, a necessidade de alteração da legislação social francesa, a fim de dotar a inspeção do trabalho de poderes explícitos de combate ao trabalho escravo contemporâneo. Dessa forma, a Lei nº 2016-444, de 7 de abril de 2016, introduziu o artigo L8112-2 no Código do Trabalho, com o objetivo de tornar explícita a competência da Direção Geral do Trabalho no combate ao trabalho forçado, ao tráfico de pessoas, às servidões e às condições indignas de trabalho como manifestações da escravidão contemporânea. O plano de ação encontra-se, atualmente, em fase de avaliação com vistas a aperfeiçoá-lo para a edição de uma segunda versão.

Ao lado dessas medidas, a Lei n. 2001-434, de 21 de maio de 2001, reconhece que o tráfico negreiro, indígena, malgaxe e indiano, realizado a partir do século XV por alguns países europeus, constituiu-se num crime contra a humanidade. Os principais reflexos dessa legislação residem no plano educacional, a partir da introdução desse posicionamento no currículo elementar das escolas francesas, bem como o direcionamento de uma sugestão para que o Conselho da Europa passe a definir uma data comemorativa do fim da escravidão e do tráfico de escravos do continente europeu.

Além dessas medidas, a França também adotou, recentemente, um modelo de transparência das atividades de responsabilização das empresas por violações graves da legislação social, no âmbito das políticas denominadas vexatórias da reputação corporativa (do inglês *name-and-shame*). Dessa forma, a partir da publicação do Decreto nº 2015-1327, de 21 de outubro de 2015, o Ministério do Trabalho passou a publicar a "lista suja" (*liste noir*) das empresas em que a inspeção do trabalho tenha constatado uma ou mais violações relativas ao trabalho ilegal.

Ainda na França, país de longa tradição na proteção dos direitos humanos, o terceiro setor exerce papel relevante na promoção de melhores condições no ambiente de trabalho. Entidades como o Comité Contre L'Esclavage Moderne (CCEM) e L'Organisation Internationale Contre L'Esclavage Moderne (OICEM) participam ativamente da elaboração de diretrizes que serão efetivadas na luta contra o trabalho ilegal. A ONG Sherpa, por exemplo, vem impulsionando o desenvolvimento de uma doutrina de responsabilização jurídica de empresas transnacionais por violações de direitos humanos ocorridos em suas cadeias de fornecimento.

Nesse sentido, a denominada Lei Rana Plaza (Loi Rana Plaza, Lei nº 2017-399, de 27 de março de 2017), constitui um avanço no desenvolvimento de uma doutrina voltada para a

123

promoção dos direitos humanos nas cadeias globais de fornecimento, pois institui a obrigação do dever de vigilância (*devoir de vigilance*) para as empresas francesas que tenham mais de 5 mil empregados. Tais empresas deverão elaborar planos de vigilância baseados nos diagnósticos de risco que cubram suas completas cadeias de valor, no âmbito de sua esfera de influência, assim como colocar em prática medidas efetivas de devida diligência que tenham por escopo eliminar, mitigar ou reparar os eventuais danos aos direitos fundamentais dos trabalhadores que possam ocorrer em virtude de suas atividades.

OUTROS PAÍSES

No âmbito internacional, talvez esses sejam os modelos mais robustos de enfrentamento ao trabalho escravo contemporâneo, pela diversidade dos instrumentos empregados e sua efetividade no alcance dos objetivos centrais das políticas públicas. No entanto, há outros países que vêm desenvolvendo mecanismos substanciais de combate a esse crime.

Notadamente, os países mais desenvolvidos possuem em comum um alinhamento de medidas padrão, centradas no estabelecimento de projetos de natureza penal e de constrição econômica, tanto em face dos perpetradores diretos quanto das empresas que se locupletam do trabalho escravo, quer seja de forma direta ou indireta, com vistas a reprimir o ilícito, de proteção integral às vítimas, e de monitoramento do mercado de trabalho, a fim de prevenir as ocorrências.

Nações como Alemanha, Suécia, Holanda, Espanha, Canadá e Japão seguem esse padrão. Estados que se encontram em nível de desenvolvimento intermediário também vêm demonstrando um esforço suplementar no enfrentamento dos ilícitos relacionados com o trabalho escravo contemporâneo, destacando-se, ao lado do Brasil, Argentina, Chile, África do Sul e China. Países menos desenvolvidos, entretanto, possuem instituições de Estado menos consolidadas e profissionalizadas, implicando uma redução na capacidade geral de controle dos delitos relacionados ao trabalho escravo contemporâneo, como é o caso da imensa maioria dos países africanos e asiáticos, além de várias regiões da América Latina.

SANÇÕES ECONÔMICAS COMO MECANISMOS DE COMBATE AO TRABALHO ESCRAVO CONTEMPORÂNEO

No direito internacional e, principalmente, por meio de fórmulas de *soft law* (que não são juridicamente obrigatórias), vem se desenvolvendo doutrina sugestiva de responsabilidade das empresas pelo respeito aos direitos fundamentais de todos os trabalhadores que operem em suas cadeias de valor. Uma das abordagens que tomam corpo atualmente se relaciona ao desenvolvimento de preceitos relativos à promoção dos direitos humanos em cadeias de fornecimento, tanto regionais quanto globais, por meio da utilização do instituto da devida diligência (*due diligence*).

A menção ao termo encontra-se expressa nas Diretrizes da OCDE para as Empresas Multinacionais, nos Princípios Orientadores sobre Empresas e Direitos Humanos da ONU, no Protocolo Adicional à Convenção nº 29, da OIT, sobre trabalho forçado, e outros documentos, tanto de direito suave quanto duro. Objetiva-se, dessa maneira, ampliar o escopo da proteção aos direitos fundamentais por meio da construção evolutiva dos direitos humanos nas cadeias de valor, buscando-se, dessa forma, garantir a efetividade dos direitos fundamentais em tempos de intenso fracionamento organizacional e externalização produtiva, dois dos fenômenos mais importantes ocorridos no setor produtivo nos últimos 30 anos. Na mesma discussão sobre a responsabilização das empresas por violações aos direitos humanos, entretanto, surgem outras abordagens, como a iniciativa internacional liderada pelo Equador e a África do Sul para a elaboração de um tratado vinculante, ou seja, obrigatório, no sistema ONU, sobre as empresas e os direitos humanos.

Ao lado das tradicionais e necessárias medidas repressivas de natureza criminal já sugeridas nos primeiros tratados internacionais sobre a matéria, as intervenções baseadas na constrição econômica vêm proliferando cada vez mais pelo lado da demanda corporativa. A transparência das operações realizadas em determinada cadeia de valor e a responsabilização jurídica pela ocorrência dos ilícitos, independentemente da determinação dos sujeitos da relação de emprego, são derivados da doutrina da devida diligência que vai tomando corpo em diversas paragens.

Por outro lado, o rastreamento dos indícios de financiamento do tráfico de pessoas por meio do sistema financeiro mundial também se mostra um promissor campo ainda a suscitar mais avanços. A responsabilização integral das empresas e seus gestores por violações de direitos fundamentais ocorridas em qualquer camada de suas cadeias de valor também faz parte de um acervo de tendências no domínio do enfrentamento ao trabalho escravo contemporâneo que devem ser estimuladas e consolidadas em âmbito mundial.

Com relação aos estudos processuais, a aplicação da extraterritorialidade tem se mostrado um importante instrumento à disposição das cortes em cenários de baixa efetividade das normas de proteção aos direitos fundamentais. Por meio desse dispositivo, alguns tribunais norte-americanos vêm responsabilizando entes privados, ainda que a violação tenha ocorrido fora de seu território. Da mesma maneira, a responsabilização dos Estados e dos organismos internacionais surge como uma novidade no cenário jurídico que merece ser mais bem observada.

Por fim, além desses importantes insumos no enfrentamento ao trabalho escravo contemporâneo, é fundamental que se aborde de modo adequado o fenômeno da intensa e atual captura corporativa. O capitalismo avançou recentemente por meandros de um equilíbrio sutil e delicado, nos quais triunfaram o direito corporativo, a economia financeira, as aquisições e fusões, a reengenharia, a externalização produtiva, a negação da relação de trabalho e outros mecanismos de exaltação das características do livre mercado globalizado.

Entretanto, a divinização da empresa e do empreendedorismo não pode representar a corrosão dos direitos fundamentais arduamente conquistados no decorrer dos últimos séculos. Somente o equilíbrio entre as necessidades básicas de todos os seres humanos enquanto coletividade e os desejos mais individuais que qualquer pessoa possa ter será capaz de garantir o desenvolvimento sustentável. O trabalho livre, tanto quanto a seus aspectos físicos quanto psicológicos e espirituais, é a base para o progresso da humanidade para longe das trevas do passado.

Nota

[1] O Plano Nacional de Combate ao Trabalho Ilegal foi estabelecido pela primeira vez em 2004, para vigorar pelo biênio subsequente. Tem sido renovado desde então pela mesma duração. Antes disso, o Decreto n. 90-656, de 25 de julho de 1990, estabeleceu uma regulação a respeito do trabalho clandestino, do não declarado e da subcontratação ilegal. Em 1997, o Decreto n. 97-213, de 11 de março de 1997, revogou o decreto anterior, no sentido de estabelecer uma coordenação entre os ministérios para enfrentar o trabalho ilegal.

Referências bibliográficas

ALENCASTRO, Luiz Felipe de. *O trato dos viventes*: formação do Brasil no Atlântico Sul. São Paulo: Companhia das Letras, 2000.

ARENDT, Hannah. *A condição humana*. Rio de Janeiro: Forense Universitária, 1999.

BALES, Kevin. *Disposable People: New Slavery in the Global Economy*. Edição revista. Berkeley/Los Angeles: University of California Press, 2004.

BIGNAMI, Renato. "O trabalho escravo no contexto do tráfico de pessoas: valor do trabalho, dignidade humana e remédios jurídico-administrativos". In: *Tráfico de pessoas: uma abordagem para os direitos humanos*. Brasília: Ministério da Justiça, 2013.

COSTA, Álvaro Mayrink da. *Direito penal. Parte especial*. 6. ed. Rio de Janeiro: Forense, 2008, v. 4.

DAVIS, J. Cary. "'Trabaculu» Trabajo' the Case for and against". *Hispania*, v. 60, n. 1, mar., 1977. Lubbock: Association of Teachers of Spanish and Portuguese, 1977.

HANSENNE, Michel. "Apresentação". In: *Declaração da OIT sobre os princípios e direitos fundamentais no trabalho e seu seguimento*. Brasília: Organização Internacional do Trabalho, 1998.

INTERNATIONAL LABOUR OFFICE. *Global Estimates of Modern Slavery: Forced Labour and Forced Marriage*. Geneva: ILO, 2017.

LA ABOLICIÓN DE LA ESCLAVITUD y sus formas contemporáneas. David Weissbrodt y la Liga contra la Esclavitud. Documento de trabalho HR/PUB/02/4. Nova York/Genebra: Oficina del Alto Comisionado de las Naciones Unidas para los Derechos Humanos, 2002.

LEAGUE OF NATIONS *Official Journal*. 6th year, n. 10, October 1925. Minutes of the Thirty-Fifth Session of the Council Held at Geneva Wednesday, September 2nd, to Monday, September 28th, 1925.

MÉDA, Dominique. *O trabalho*: um valor em vias de extinção. Lisboa: Fim de Século, 1999.

ORGANIZACIÓN INTERNACIONAL DEL TRABAJO. *El costo de la coacción. Informe global con arreglo al seguimiento de la Declaración de la OIT relativa a los principios y derechos fundamentales en el trabajo*. Conferencia Internacional del Trabajo. 98ª Reunión. Informe I (B). Genebra: Oficina Internacional del Trabajo, 2009.

PHILLIPS, Nicola; SAKAMOTO, Leonardo. "Global Production Networks, Chronic Poverty and 'Slave Labour' in Brazil". *Studies in Comparative International Development*, Set. 2012, 47 (3). Providence: Springer-Verlag, 2012.

REYNOLDS, Edward. *Stand the Storm: a History of the Atlantic Slave Trade*. Nova York: Allison & Busby, 1985.

SACO, José Antonio. *Historia de la esclavitud*. Buenos Aires: Editorial Andina, 1965.

SAUSSURE, Ferdinand de. *Curso de linguística geral*. São Paulo: Cultrix, 2006.

SOARES, Guido Fernando Silva. *Common Law*: introdução ao direito dos EUA. 2. ed. São Paulo: Ed. Revista dos Tribunais, 2000.

TRABALHO ESCRAVO CONTEMPORÂNEO: UM NEGÓCIO LUCRATIVO E GLOBAL

SIOBHÁN MCGRATH
FABIOLA MIERES

Nos anos recentes, testemunhou-se um interesse crescente em todo o globo pelo combate ao tráfico de pessoas, ao trabalho forçado e ao trabalho escravo contemporâneo (TFLS, em inglês). Como a produção se tornou fragmentada e dispersa, este capítulo analisa de que maneira a falta de liberdade nas relações trabalhistas é consequentemente integrada às cadeias ou redes de produção. Apresenta ainda observações sobre várias iniciativas no nexo TFLS-cadeia produtiva para, em seguida, considerar quais lições podem ser tiradas da experiência brasileira.

PADRÕES DE GLOBALIZAÇÃO E TRABALHO FORÇADO

Em 2005, a Organização Internacional do Trabalho levantou a "especialmente difícil questão (de) se os atuais padrões de globalização estão de fato criando ou contribuindo para novas formas de trabalho forçado". Naquele momento, a abordagem dominante no combate ao tráfico de pessoas e à escravidão moderna era um "paradigma de justiça criminal".

De acordo com o Protocolo da ONU sobre Tráfico de Pessoas de 2000,[1] o foco era melhorar a assistência às vítimas e ampliar as ações penais. Contudo, ao longo da última década, temos visto mais atenção dedicada à identificação de trabalho forçado em cadeias produtivas.

Em 2014, por exemplo, o jornal *The Guardian* revelou que a escravidão em barcos de pesca na Tailândia era relacionada à produção de camarão vendido em "supermercados de ponta em todo o mundo, incluindo os quatro maiores varejistas globais". No mesmo ano, a organização não governamental Verité revelou a natureza sistêmica do trabalho forçado na indústria de eletrônicos na Malásia, afetando a maioria das marcas na área. Em 2018, um relatório oficial forneceu mais e mais evidências de tráfico de pessoas no setor agrícola na Europa. Casos desse tipo têm sido identificados em diversas indústrias e em todos os continentes.

Assim, embora o paradigma da justiça criminal persista, os escândalos criados por tais reportagens e relatórios têm gerado mais discussão sobre as responsabilidades das empresas por esse tipo de exploração dentro de suas cadeias produtivas, mesmo se tais empresas não forem suas "perpetradoras" diretas. Por exemplo, o relatório de 2015 sobre tráfico de pessoas produzido pelo Departamento de Estado dos Estados Unidos focou especificamente em cadeias produtivas. Empresas também são cada vez mais vistas como possuidoras de uma posição única para combater o tráfico de pessoas, o trabalho forçado e/ou a escravidão por meio de suas relações de cadeias de produção.

Consequentemente, há uma série de tentativas de empresas, organizações da sociedade civil e órgãos públicos para responder a essas preocupações. Como parte do projeto de pesquisa Demand Side Measures against Trafficking, financiado pela União Europeia, nós documentamos essa rápida proliferação de iniciativas para enfrentar TFLS dentro e através das cadeias de produção.

É importante notar que nem todos os países se alinham a essa trajetória global que parte de um paradigma de justiça criminal generalizado para um foco crescente em cadeias de produção. No Brasil, ainda há um montante significativo de impunidade. De acordo com Xavier Plassat, mais de 2.300 empregadores foram flagrados utilizando "trabalho escravo" entre 1995 e 2006, em violação ao artigo 149 do Código Penal brasileiro (que torna ilegal a redução de uma pessoa à condição análoga à de escravo), mas nenhum deles havia cumprido integralmente a pena de prisão. Portanto, existem questões a respeito do quão completa e efetiva foi a implantação do paradigma de "justiça criminal".

Por outro lado, esforços para combater trabalho escravo em cadeias produtivas estavam adiantados no Brasil já em 2005. Isso foi central para o "exemplo" oferecido pelo caso brasileiro, a partir do qual outros países podem aprender. Infelizmente, muitos dos elementos desse exemplo têm sido desmantelados ou estão ameaçados. Antes de considerá-lo de forma mais extensa, primeiro devemos analisar a natureza da falta de liberdade nas relações de trabalho.

131

A FALTA DE LIBERDADE NAS RELAÇÕES DE TRABALHO

Na esfera jurídica, podemos tentar estabelecer se uma situação se encaixa ou não num conjunto específico de critérios para ser classificada como tráfico de pessoas, trabalho forçado, trabalho escravo contemporâneo ou *bonded labour*. Mas, numa perspectiva socioeconômica que busca descobrir e responder às causas desses fenômenos, isso não é suficiente. Há um debate expressivo a respeito desses "binômios" sociojurídicos – se são úteis ou prejudiciais.

No geral, há um crescente consenso acadêmico segundo o qual devemos nos atentar aos diferentes níveis de falta de liberdade que os trabalhadores vivenciam, dentro dos quais apenas os casos mais extremos se encaixam nos critérios particulares dessas categorias legais. Essa ideia ficou conhecida como abordagem do "espectro" ou do *continuum*. Levando isso mais longe, descobrimos que trabalhadores também passam por diferentes formas de falta de liberdade, conforme argumentado anteriormente. Numa determinada situação, uma trabalhadora pode estar numa acomodação vinculada a seu trabalho, portanto ficará temporariamente sem teto caso se demita, ela pode ter sido aliciada por redes sociais e sua saída gerar repercussões sociais e podem afirmar que ela ainda está endividada com os custos de viagem, acomodação e alimentação. Assim, podem existir muitas dimensões da falta de liberdade num caso particular.

Outra implicação ao reconhecer essas diferentes dimensões é que a comparação entre casos – como "mais" ou "menos" livre – torna-se difícil. Embora seja possível analisar as liberdades dos trabalhadores como mais restritas quando há presença de um guarda armado do que por portas trancadas, como podemos comparar uma situação de servidão por dívida com pessoas forçadas a trabalhar na prisão? Podemos realmente dizer que uma é "menos livre" do que a outra?

Por fim, como uma das autoras deste texto argumentou anteriormente, essas formas de (não) liberdade podem ser entendidas como formas de poder. Isto é, restringir a liberdade dos trabalhadores é um meio de mantê-los disponíveis para trabalho quando necessário, sem precisar lhes oferecer trabalho regular, aumentando o esforço que esses trabalhadores fazem e diminuindo os custos de empregá-los (que podem consistir em salários, custos de seguir a legislação trabalhista e despesas relacionadas). Por outro lado, trabalhadores que mantêm a opção de mudar de empregadores e/ou de se mudar (algumas vezes atravessando fronteiras) estão numa posição mais vantajosa para exigir melhores compensações e condições – seja em sua situação atual ou de um futuro empregador.

Isso leva à questão de se e como explicar as condições de trabalho dentro de nossas definições e conceitualizações. A questão é particularmente relevante em relação ao Brasil, já que o artigo 149 foi emendado em 2003 para incluir condições degradantes como um elemento indicativo de trabalho escravo contemporâneo.

Argumentamos que podemos e devemos considerar condições de trabalho como indicadores diretos e indiretos de (não) liberdade. Executivos de alto nível e atletas de elite, por exemplo, podem ser constrangidos por contratos restritivos que servem para evitar que procurem um trabalho diferente. Contudo, não faria sentido afirmar que isso é uma forma de trabalho escravo contemporâneo se eles estão trabalhando em condições decentes (ou mesmo gozando de uma gama de benefícios e regalias invejáveis) e estão dentre as pessoas que dispõem de rendimentos mais elevados na sociedade.

133

Conceitos como trabalho escravo contemporâneo surgem como pressupostos éticos antes de serem codificados na legislação. Além disso, o patrimônio e o *status* social desses trabalhadores devem ser entendidos como meios que lhes possibilitam uma variedade de escolhas – ou liberdades – para romper até mesmo um contrato restritivo. Condições degradantes, por sua vez, podem indicar falta de liberdade. É mais provável existirem condições precárias em situações nas quais trabalhadores não se sentem livres para sair ou para ameaçar sair.

TRABALHO NAS REDES DE PRODUÇÃO

A questão das (não) liberdades dos trabalhadores e suas condições de trabalho, contudo, não está apenas relacionada ao empregador imediato, uma vez que a produção é cada vez mais fragmentada (envolvendo diversas empresas) e dispersa (no espaço). Embora ela frequentemente ocorra através das fronteiras nacionais, é um erro comum assumir que esses problemas acontecem apenas em termos de "globalização", quando, na verdade, a fragmentação e a dispersão da produção ocorrem também dentro dos países, provocando muitos dos (quanto não todos) mesmos dilemas – algo que acontece especialmente no caso de países grandes e/ou caracterizados por altos níveis de desigualdade.

O nível de fragmentação e dispersão que a produção atingiu não era inevitável (e tampouco é totalmente irreversível). Paralelamente aos avanços tecnológicos, esses processos foram facilitados por decisões ativas tomadas por atores governamentais e privados para desregular e liberalizar o comércio. O IGLP Law and Global Production Working Group argumenta, ainda, que foi justamente a busca por responsabilidade limitada que motivou isso:

organizar a produção global por meio de redes de empresas independentes que coordenam trocas via contrato em vez de posse pode estar relacionado tanto com a mitigação de infrações ou outros riscos de responsabilização legal e o nível de aplicação da lei em um local em particular, quanto com a produtividade econômica.

Devemos abordar o modo como o trabalho é inserido dentro das cadeias produtivas, ou melhor, redes de produção. Do ponto de vista dos negócios, um bem só pode ser produzido obtendo o conjunto correto de insumos (no preço certo e no tempo certo) por meio de uma cadeia de produção. Mas em cada etapa na qual um insumo é necessário, uma gama de condições deve existir (ou passar a existir). Mão de obra adequadamente treinada, regulamentos sobre acesso a recursos naturais, infraestrutura de transporte e logística são alguns dos exemplos que permitem salientar a complexidade característica do processo produtivo.

Pensar a respeito desses e de outros requisitos para a produção mostra que é central existir um leque de relações entre diversas empresas e atores não privados (incluindo agências governamentais, organizações multilaterais e grupos da sociedade civil) para a produção contemporânea de bens. De maneira mais conceitual, podemos pensar nesse processo envolvendo uma rede que variavelmente facilita, restringe ou estabelece condições para a produção de bens.

Muitos acadêmicos falam de redes de produção global em vez de cadeias produtivas e abordam a dinâmica local dentro da qual essas redes de produção operam. Portanto, torna-se cada vez mais claro que, atualmente, as relações entre trabalhadores e seus empregadores imediatos são estruturadas pelas relações das quais esses empregadores são parte (ou de que desejam fazer parte) dentro das redes de produção. Em outras palavras, as relações de trabalho são parte integral das redes de produção.

135

A fragmentação e a dispersão da produção andaram lado a lado com a concentração e consolidação de marcas e/ou varejistas em muitos setores nos quais TFLS foram identificados. Nos casos citados anteriormente – eletrônicos, pesca e agricultura –, podemos notar que um pequeno número de compradores se estabeleceu numa posição poderosa em relação ao grande número de fornecedores (uma situação que os economistas chamam de "oligopsônica"). Dessa forma, a pressão exercida por esses compradores sobre os fornecedores influencia e define o contexto para as relações trabalhistas, com a pressão frequentemente repassada aos trabalhadores.

Como notado anteriormente, a dispersão geográfica da produção diz respeito ao acesso à mão de obra (e recursos) "barata". E também está relacionada à produtividade e flexibilidade, pois muitos compradores não querem sacrificar qualidade. Hoje, a competitividade em vários setores depende de customização e/ou um modelo *just-in-time*, no qual empresas "líderes" poderosas preferem ter estoque disponível para qualquer momento em que seus consumidores desejarem e possam comprar sem assumir os custos de manter esse estoque à disposição.

Assim, logística e varejo tornaram-se "enxutos" – um processo acelerado, ainda, pela ascensão do comércio on-line. Novas modas, fatores sazonais e fatores macroeconômicos podem desencadear demandas súbitas por produção – ou, por outro lado, significar que a demanda esperada não se materialize. Alguns estudiosos denominam esse fenômeno de "compressão do fornecimento".

Para muitos fornecedores, ter mão de obra disponível quando necessário (especialmente se o pagamento por tais bens pode ser atrasado ou adiado) e dispensar esses trabalhadores quando os pedidos escasseiam é, portanto, um desafio tão grande quanto manter os níveis de salários ou compensações baixos. Aqui podemos ver que, em algumas instâncias, práticas associadas com TFSL – alojamento vinculado, restrição de movimento dos trabalhadores, retenção de passaportes, uso de dívidas para evitar que os trabalhadores vão embora – são efetivamente meios de ter uma oferta de mão de obra disponível quando necessário (inclusive trabalhando horas exaustivas) sem responder pelos custos normalmente associados a elas (pagamento de horas extras, custo de novas contratações, custos envolvendo contratações de curto prazo etc.).

Dessa maneira, numa situação em que os compradores exercem um poder significativo, tais práticas tornam-se fundamentais para que os fornecedores deem conta das demandas dos compradores. Embora essa seja apenas uma parte da realidade (que varia de acordo com a indústria, o contexto geográfico e as mudanças ao longo do tempo), a lição geral é que as relações de trabalho estão integralmente vinculadas às dinâmicas das cadeias produtivas e, de forma mais ampla, das redes de produção.

RESPONDENDO AO TFLS DENTRO E ATRAVÉS DAS CADEIAS PRODUTIVAS

O cenário global

Códigos de conduta corporativa e monitoramento ou auditoria desses códigos ao longo da cadeia produtiva se tornaram a norma para o comércio globalizado. Ainda assim, escândalos expondo condições de trabalho em oficinas de costura, trabalho infantil e/ou TFLS acontecem com regularidade.

Um problema central para resolver essas condições está relacionado a como ir além dos fornecedores do primeiro nível da cadeia (fornecedores diretos). Mais recentemente, uma variedade de iniciativas envolvendo atores múltiplos surgiram, não apenas com empresas, mas também governos, organizações da sociedade civil e atores locais. Isso reflete um novo "paradigma de cooperação" que reconhece o alicerçamento do trabalho nas redes de produção. Entretanto, a avaliação inicial desse novo paradigma por Lund-Thomsen e Lindgreen é preocupante. Eles concluem que o novo paradigma "dificilmente alterará as relações de poder dos trabalhadores, fornecedores e compradores internacionais... [e tampouco] conseguirá garantir rendas significantemente maiores ou melhores condições para os trabalhadores".

Buscando respostas para as crescentes conexões entre TFLS e cadeias produtivas, nos empenhamos em identificar iniciativas dentro do nexo TFLS-cadeia produtiva. Sabemos que códigos de conduta de empresas específicas, acordos de comércio e acordos de marco internacional entre corporações multinacionais e sindicatos internacionais se referem às Normas Internacionais de Trabalho da OIT, que incluem supressão do trabalho forçado. Assim, as mais de 150 iniciativas identificadas vão além. Considerando que dinâmicas da indústria e relações de poder dentro das redes de produção podem contribuir com (ou prejudicar) práticas associadas com trabalho forçado, ficamos encorajadas ao descobrir que muitas iniciativas setoriais foram lançadas.

A estrutura dessas, é claro, é mais restrita do que as iniciativas com atores múltiplos das quais Lund-Thomsen desconfiam. Exemplos também emergiram no nexo TFLS-cadeia produtiva. Em muitos casos, no entanto, há poucas informações ou avaliações disponíveis a respeito dos resultados ou impactos dessas iniciativas. Uma questão semelhante aparece em relação a uma série de iniciativas feitas por investidores e credores – atores cruciais em cadeias produtivas que, geralmente, são desconsiderados. Não está claro, em diversos casos, se alguma coisa mudou como resultado da inserção das referências às Normas Internacionais do Trabalho em políticas e acordos.

Alguns tipos de iniciativas no nexo TFLS-cadeia produtiva devem ser destacados porque eles não se encaixam perfeitamente nos paradigmas mencionados acima. A Lei do Estado da Califórnia sobre Transparência em Cadeias Produtivas (California Transparency in Supply Chains Act, em inglês) e as cláusulas sobre cadeias produtivas na Lei sobre Escravidão Moderna (Modern Slavery Act) do Reino Unido geraram interesse significativo. Por exemplo, a Austrália aprovou uma nova legislação nesse sentido e Hong Kong possui proposta semelhante. Contudo, a legislação existente é extremamente limitada, tanto em termos do que é demandado (relatórios sobre o que a empresa está fazendo a respeito do problema, mesmo se for nada), quanto em termos de uma ausência completa de sanções por deixar de cumprir até mesmo com essa exigência de relatório. Estudiosos apontaram falhas nesse tipo de legislação desde o começo, ao mesmo tempo em que foram levantadas questões sobre a extensão e a abrangência de seu cumprimento. Relatórios obrigatórios podem ainda se mostrar uma ferramenta útil para pressionar empresas a tomar medidas – no entanto, ainda é preocupante que algumas das iniciativas menos substanciais pareçam ser vistas como modelos que deveriam ser replicados globalmente.

Outra área em crescimento está relacionada à contratação institucional, especialmente pública (governo). O poder de compra de órgãos governamentais pode ser bastante decisivo para alguns produtos, principalmente porque políticas de contratação podem ser justificadas por imperativos institucionais de combate ao TFLS.

A luta por compras "livres de escravidão", contudo, pode ser restringida na medida em que há dados insuficientes ou de baixa qualidade sobre riscos, acusações e incidentes de

TFLS, bem como dados sobre a própria base de fornecedores. O Departamento de Trabalho dos Estados Unidos, por exemplo, publica uma "lista de bens produzidos com trabalho forçado ou infantil" que inclui o bem e o país de produção (como vestuário na China). Basear-se nessa lista para deixar de comprar, por exemplo, qualquer peça de vestuário vinda da China geraria um efeito para muitos bens nos quais não há evidência de TFLS (pois é esperado que exista uma variedade de condições de trabalho no setor de vestuário em toda a China).

Essa ausência de dados é exacerbada pela resistência que muitas empresas ainda têm quanto à transparência em sua base de fornecedores. O ponto é que a contratação institucional é uma área promissora para enfrentar exploração trabalhista severa – porém, seu sucesso depende de dados confiáveis sobre TFLS, os quais, infelizmente, estão gravemente em falta. O quanto compradores são capazes de envolver empresas para dar conta dessas questões, em vez de confiar apenas em dados limitados e por vezes falhos como critério de exclusão, pode ser crucial para determinar se iniciativas de contratação darão algum resultado.

A carência de informações levanta um problema semelhante para várias outras iniciativas que buscam fornecer mais informações aos consumidores a respeito das condições em que os produtos foram feitos, como diversos aplicativos que alertam consumidores para o histórico de uma companhia em relação a (seus esforços para combater) TFLS.

Evitar bens nos quais há "risco de escravidão" significa procurar bens que sejam certificados socialmente. Sistemas de certificação social servem como uma indicação de que há algum elemento de produção "ética" que foi submetido a monitoramento. Um exemplo importante é o Fair Trade, que inclui algumas referências às Normas Internacionais da OIT. Novos sistemas de certificação social têm sido pensados focando em TFLS. Aqui destacamos o exemplo singular de uma marca social que foi desenhada como a "última etapa" de um programa mais abrangente e integrado. A Coalition of Immokalee Workers, que há muito tempo desafia a "escravidão nos campos", foi pioneira na introdução de um modelo de Responsabilidade Social Orientada para o Trabalhador (Worker-Driven Social Responsibility), na qual os trabalhadores estão envolvidos tanto na elaboração quanto no monitoramento de um código de conduta. Em 2001, estabeleceram o Programa Alimento Justo (Fair Food Program), uma década após o lançamento de sua Campanha por Alimento Justo. A marca foi introduzida somente depois de o programa ter sido desenvolvido ao longo de três anos, oferecendo, dessa forma, confiança de que a produção ética já estava estabelecida antes da certificação.

Destacamos, ainda, a crescente atividade em torno do papel dos intermediários do mercado de trabalho. A terceirização de emprego por empresas fornecedoras e as taxas de recrutamento pagas por trabalhadores para acessar vagas nessas empresas (criando endividamento) estão cada vez mais identificadas como práticas associadas ao trabalho forçado.

Por exemplo, logo após a publicação do relatório documentando trabalho forçado disseminado entre trabalhadores imigrantes na indústria de eletrônicos na Malásia, houve uma rápida mudança em que se passou a solicitar dos fornecedores: transição para emprego direto de trabalhadores, proibição do pagamento de taxas de recrutamento por trabalhadores (conhecido como "princípio do empregador paga"), reembolso de taxas de recrutamento que já foram pagas aos trabalhadores. Isso se refletiu em medidas tomadas pela Apple, Hewlett Packard e a Aliança de Negócios Responsáveis (Responsible Business Alliance, anteriormente conhecida como Electronic Industry Citizenship Coalition).

141

Isso não se limita à indústria de eletrônicos: a Patagônia, por exemplo, instituiu exigências semelhantes em sua Norma para Trabalhadores Migrantes de 2014 (Migrant Worker Standard), ao mesmo tempo em que um relatório da Walk Free publicado no mesmo ano recomenda tais exigências como parte de todos os Códigos de Conduta. Essas políticas são importantes por reconhecer as contribuições e os sacrifícios dos trabalhadores incorporados nas cadeias de produção globais fragmentadas e dispersas.

Entretanto, num nível prático, ainda não está claro se e como as empresas líderes que estão estabelecendo tais exigências de seus fornecedores irão contribuir com os custos diretos de recrutamento. Mais importante ainda é sabermos se tais movimentos vão abordar a questão dos desequilíbrios de poder que deixam trabalhadores vulneráveis a práticas abusivas e exploratórias. As políticas que exigem dos fornecedores a proibição de taxas de pagamentos por trabalhadores e a contratação direta precisam ser correspondidas com um compromisso para dividir os custos de observância e conformidade e, de modo mais geral, por um compromisso que assegure trabalho e pagamento decentes. As políticas podem ter um papel-chave nessa dinâmica: princípios voluntários, como os Princípios Orientadores sobre Empresas e Direitos Humanos das Nações Unidas e as Diretrizes da OCDE para as Empresas Multinacionais podem, potencialmente, ser desenvolvidas e aprofundadas numa movimentação rumo a se tornarem um instrumento juridicamente vinculativo.[2]

No geral, vemos o seguinte no nexo TFLS-cadeia produtiva: políticas no papel com pouca evidência disponível a respeito de mudanças substantivas (indicando a necessidade de mais pesquisa, avaliação e análise), iniciativas do tipo responsabilidade social corporativa mirando TFLS, incluindo iniciativas setoriais e de atores múltiplos, algumas iniciativas inovadoras em áreas de contratação institucional e intermediários do mercado de trabalho – que podem ou não gerar resultados positivos dependendo, em parte, de como são implantadas –, e alguns poucos exemplos de iniciativas robustas (como o Programa Alimento Justo) para as quais há avanços documentados.

O crescente número de iniciativas no nexo TFLS-cadeia produtiva pode surgir de preocupações genuínas com os direitos e bem-estar dos trabalhadores. No entanto, é importante lembrar que a fragmentação e a dispersão da produção são resultado de esforços de empresas para ter a quantidade certa de bens, de qualidade adequada e disponíveis para venda no lugar certo, no tempo certo, e, fundamentalmente, pelo preço certo. Para alcançar esse objetivo, são tomadas decisões sobre os locais onde tais bens devem ser produzidos. Essas decisões dizem respeito, em grande parte, ao tipo de trabalho que pode estar (e se tornar) disponível para a produção desses bens.

Infelizmente, a busca por mão de obra mais barata, mais produtiva e mais flexível com frequência depende de um ambiente regulatório no qual direitos trabalhistas e normas de trabalho não são protegidos de maneira adequada. Portanto, é essencial lembrar que tais iniciativas são efetivadas em contextos diversos. Elas interagem não apenas com a relação de poder entre empresas, mas com o contexto mais amplo de direitos trabalhistas e normas de trabalho dentro de locais de produção específicos – em outras palavras, com o contexto regulatório. Precisamos dar conta das relações entre empresas dentro das cadeias produtivas (e outros atores "econômicos" como investidores privados), mas também do grupo de atores mais amplo que compõe a rede de produção, inclusive atores governamentais e da sociedade civil.

143

O exemplo brasileiro

Dadas as limitações da responsabilidade social corporativa até o momento e as preocupações que temos a respeito de muitas das iniciativas que surgiram recentemente no nexo TFLS-cadeia produtiva, é importante considerar o que tornou os esforços de combate ao trabalho escravo no Brasil um exemplo positivo – e como isso pode estar mudando.

Como resumido anteriormente, está claro que certos grupos de empresas estão numa posição que possibilita impulsionar mudanças nas redes de produção. E um dilema fundamental para a responsabilidade social corporativa tem sido como torná-las responsáveis por isso. No Brasil, as empresas têm sido responsabilizadas pelas condições de trabalho em suas cadeias produtivas graças a decisões judiciais que, até recentemente, impediam empresas de terceirizar por meio legal sua atividade-fim. Isso significava que, em muitos casos nos quais cabiam compensações aos trabalhadores (inclusive casos de trabalho escravo), as empresas "líderes" para quem os subcontratados estavam produzindo deviam contribuir com essa compensação para trabalhadores.

Mas enquanto muitos especialistas na área de TFLS acreditam que deveríamos encontrar meios para expandir a responsabilidade por abusos dentro de cadeias produtivas, uma lei brasileira de 2017 passou a permitir que empresas possam livremente terceirizar suas atividades principais, removendo, assim, um meio pelo qual isso tinha sido alcançado.

Contudo, também existiram outros meios pelos quais as empresas foram responsabilizadas, especialmente em relação ao trabalho escravo. Desde 2003, o governo federal tem publicado (e atualizado regularmente) a "lista suja" dos empregadores flagrados utilizando trabalho escravo. Isso foi possível por

144

causa do modelo bem-sucedido de fiscalizações de trabalho mirando escravidão moderna desenvolvido ao longo do tempo.

A "lista suja" tem funcionado como um meio oficial, legítimo e acessível para que outros atores das cadeias produtivas obtenham informações confiáveis. Essa é uma diferença fundamental em relação aos outros contextos em que, como apontado acima, há poucos dados confiáveis que sirvam de base para tomar decisões sobre compras feitas por consumidores, contratações institucionais e relações de cadeia produtiva, incluindo que fornecedores utilizar, a quem emprestar dinheiro e em quais companhias investir. Portanto, a "lista suja" é importante por permitir que bancos de desenvolvimento estatais (uma importante fonte de crédito em muitos setores) implementem políticas nas quais não estendem crédito a empresas e indivíduos que aparecem na lista. De modo semelhante, ela também foi importante para a formulação e o sucesso do Pacto Nacional para Erradicação do Trabalho Escravo (agora InPacto), lançado inicialmente em 2005 como resultado do trabalho da Repórter Brasil e de outras organizações não governamentais, no qual as empresas signatárias se comprometiam a cortar relações na cadeia produtiva com quem aparecesse na lista.

Pesquisas anteriores conduzidas por uma das autoras deste capítulo ilustraram como, para o complexo agroindustrial da cana-de-açúcar, isso constituiu uma intervenção-chave nas dinâmicas de poder da rede de produção de etanol. Além disso, a presença de empresas de sociedade aberta na "lista suja" teve consequências significativas na Bolsa de Valores em mais de uma ocasião. As empresas podem ser – e foram –, ainda, excluídas do Pacto Nacional/InPacto por terem aparecido na "lista suja". Novamente, é necessário contrastar esse mecanismo com muitas iniciativas que não têm mecanismos claros em caso de não cumprimento.

145

Tanto a "lista suja" quanto a definição de trabalho escravo têm sido objetos de conflito. Algumas empresas e indivíduos conseguiram se manter fora da relação por meio de ordens judiciais e mesmo a sua constitucionalidade tem sido questionada há algum tempo por alguns interesses empresariais e pelo *lobby* ruralista. Como consequência de uma ação judicial da Associação Brasileira de Incorporadoras Imobiliárias (Abrainc), o Supremo Tribunal Federal emitiu uma liminar suspendendo a publicação da lista pelo governo federal em dezembro de 2014, e ela só voltou a ser publicada em 2017. A definição de trabalho escravo contemporâneo na qual a lista se baseia também foi objeto de ataque por muitos anos e, em outubro de 2017, foi ameaçada por um decreto governamental, suspenso dias depois por uma ministra do Supremo Tribunal Federal.

Essas iniciativas, portanto, são "políticas" de várias maneiras. Primeiramente, elas se fundamentam em lutas históricas por justiça: a litigância contemporânea contra trabalho escravo pode ser vista já nos anos 1970, durante a Ditadura Militar. Em segundo lugar, elas são objeto de contestação política. Em terceiro lugar, os esforços para combater trabalho escravo não estavam separados de esforços para alcançar proteção social, defender os direitos dos trabalhadores, promover boas condições de trabalho, estabelecer proteção social e combater a desigualdade. Pelo contrário, em conjunto, elas formam parte de e foram integradas a esses esforços mais amplos.

Por exemplo, fiscalizações para verificar escravidão com frequência resultaram na formalização das relações de trabalho independentemente de ter se encontrado ou não evidências de trabalho escravo – e isso se tornou parte de uma tendência maior rumo à formalização do emprego. De modo similar, trabalhadores libertados que estão qualificados para receber o benefício são priorizados no cadastro para o Bolsa Família – o sistema brasileiro de garantia de renda para proteção social.

No geral, é considerável que os esforços para combater o trabalho escravo progrediram significativamente num período de grandes níveis de crescimento econômico e com uma ampla gama de intervenções políticas e regulatórias, durante os mandatos do Partido dos Trabalhadores, para aprimorar os direitos trabalhistas e as condições de trabalho e reduzir a desigualdade. Uma lição importante a ser aprendida com o exemplo brasileiro é que, embora o desenho, a implantação e a avaliação das iniciativas visando combater TFLS sejam importantes, também o são questões mais amplas sobre regulação.

AS LIÇÕES ENSINADAS PELO EXEMPLO BRASILEIRO

Há, hoje, um interesse significativo no nexo TFLS-cadeia produtiva, com uma gama de iniciativas sendo, consequentemente, formuladas e colocadas em prática por uma variedade de atores. Muitas delas, contudo, ainda precisam se provar bem-sucedidas. O exemplo brasileiro é produto de uma luta e uma defesa histórica dos direitos trabalhistas. É importante lembrar sua natureza histórica e localmente contingente. No entanto, essa experiência também serve como exemplo para reflexão em relação a outros esforços para lidar com o nexo TFLS-cadeias produtivas em outros lugares.

Podemos apresentar três lições:

- Regulação para manter e/ou expandir o cumprimento (ou a efetivação) é chave. Empresas foram responsabilizadas por condições de trabalho dentro de suas cadeias produtivas, já que as companhias foram impedidas legalmente de terceirizar sua atividade-fim. O fato de que isso se encontra sob ataque por meio de reformas legais implica sérios problemas.

147

- Mesmo as iniciativas encabeçadas por atores privados, como empresas e organizações da sociedade civil, devem vir com consequências. A publicação da "lista suja" pelo então Ministério do Trabalho tem impactado os negócios das empresas e seu acesso a crédito. Isso é importante porque a atual tendência para "legislação de transparência" em muitos países do globo é não vir acompanhada por possibilidade de penalizações. Nesses casos, as empresas podem se especializar em apresentar informações sem que o público realmente entenda quais mudanças estão sendo postas em prática. Transparência é uma questão importante, porém, por si só não passa de um registro de intenções.
- Com base em nossa análise, não julgamos que abordar TFLS de uma maneira isolada será eficaz. Somente por meio de uma integração de esforços com políticas e iniciativas mais amplas para proteger os direitos dos trabalhadores, as condições de trabalho e as proteções sociais é que se pode alcançar um avanço comprovado.

Para finalizar, sabemos que não há solução mágica, mas a experiência brasileira nos mostra que os esforços duradouros para combater o trabalho escravo contemporâneo mudaram as dinâmicas de cadeias produtivas. Esforços articulados por sociedade civil, governo e empresas alteraram, ao longo do tempo, as estruturas de poder da produção ao reconhecer a dignidade fundamental do trabalho. Sobretudo, o contexto regulatório mais amplo foi crucial para o desenvolvimento e a consolidação desses esforços.

No Brasil, isso significou uma luta constante para defender e avançar nos progressos alcançados – a qual se tornou particularmente premente nos anos recentes. Globalmente, isso enfatiza a importância de abordar TFLS nas cadeias produtivas como uma manifestação de relações trabalhistas de forma mais geral, e não como um fenômeno isolado.

Notas

[1] O Protocolo Adicional Relativo à Prevenção, Repressão e Punição do Tráfico de Pessoas, em Especial Mulheres e Crianças, também conhecido como Protocolo de Palermo, é parte da Convenção das Nações Unidas contra o Crime Organizado Transnacional. A Victims of Trafficking and Violence Protection Act (Lei de Proteção a Vítimas de Tráfico de Violência, em tradução livre), aprovada nos Estados Unidos no ano 2000, também contribuiu significativamente para esse paradigma, especialmente porque estabeleceu o exercício anual de ranquear os esforços empreendidos por outros países para combater o tráfico de pessoas (e, mais tarde, a escravidão) por meio do Relatório sobre o Tráfico de Pessoas, que gera potenciais consequências em termos de decisões de financiamento.

[2] O Conselho de Direitos Humanos da ONU, em sua resolução 26/9, estabeleceu um grupo de trabalho intergovernamental "para elaborar um instrumento internacional juridicamente vinculante para regular, no direito internacional dos direitos humanos, as atividades de corporações transnacionais e outros empreendimentos comerciais" (tradução nossa). A Organização Internacional do Trabalho em sua Resolução sobre Trabalho Decente em Cadeias Produtivas Globais, de 2016, também se comprometeu a "identificar os desafios de governança salientes para conquistar trabalho decente em cadeias produtivas globais" e "considerar que recomendações, programas, medidas, iniciativas e normas são necessários para promover o trabalho decente e/ou tornar possível a redução dos déficits de trabalho decente em cadeias produtivas globais", que também podem incluir a consideração de um instrumento legalmente vinculante (traduções nossas).

Referências bibliográficas

BERG, J. "Laws or Luck? Understanding Rising Formality in Brazil in the 2000s". In: LEE, S.; MCCANN, D. (Eds.). *Regulating for Decent Work. Advances in Labour Studies*. London: Palgrave Macmillan, 2011, pp. 123-50.

_____; SCHNEIDER, E. "Industrial Relations and Inclusive Growth in Brazil: the Swinging Pendulum". In: HAYTER, Susan; LEE, Chang-Hee (Eds.). *Industrial Relations in Emerging Economies: The Quest for Inclusive Development*. Cheltenham/Northampton: Edward Elgar, 2008, pp. 115-50.

COSTA, P. T. M. *Fighting Forced Labour*: The Example of Brazil. ILO: Geneva, 2009 (International Labour Organization). Disponível em: <http://www.ilo.org/wcmsp5/groups/public/---ed_norm/---declaration/documents/publication/wcms_111297.pdf>. Acesso em: 3 ago. 2018.

ECKERT, S. "The Business Transparency on Trafficking and Slavery Act: Fighting Forced Labor in Complex Global Supply Chains". *J. Int'l Bus. & L.*: 2013, 1(12), p. 383.

FILGUEIRAS, V.A. "Terceirização e trabalho análogo ao escravo: coincidência?" In: REZENDE FIGUEIRA, R.; ANTUNES PRADO, A.; GALVÃO, E.M. (Eds.). *Discussões contemporâneas sobre trabalho escravo*: teoria e pesquisa. Rio de Janeiro: Mauad, 2017, pp. 423-40.

149

HAMES, Dewar F.; Napier-Moor, R., *Feeling Good about Feeling Bad... A Global Review of Evaluation in Anti-Trafficking Initiatives*. Bangkok, 2010. Disponível em: <http://www.gaatw.org/publications/GAATW_Global_Review.FeelingGood.AboutFeelingBad.pdf>. Acesso em: 21 ago. 2018.

HENDERSON J. et al. "Global Production Networks and the Analysis of Economic Development". *Review of International Political Economy*, Manchester, 2002, 9, 436-64. Disponível em: <http://www.sed.manchester.ac.uk/geography/research/gpn/gpnwp1.pdf>. Acesso em: 21 ago. 2018.

IGLP LAW AND GLOBAL PRODUCTION WORKING GROUP (THE). "The Role of Law in Global Value Chains: a Research Manifesto". *London Review of International Law*, 2016, 4(1), pp. 57–79.

ILO (International Labour Organization). *A Global Alliance Against Forced Labour*. Geneva: International Labour Organization, 2005. Disponível em: <http://www.ilo.org/wcmsp5/groups/public/---ed_norm/---declaration/documents/publication/wcms_081882.pdf>. Acesso em: 3 ago. 2018.

LUND-THOMSEN, P.; LINDGREEN, A. "Corporate Social Responsibility in Global Value Chains: Where Are We now and Where are We Going?". *Journal of Business Ethics*, v. 123, n. 1, 2014, pp. 11-22.

MCGRATH, Siobhán. "Many Chains to Break: the Multi-dimensional Concept of Slave Labour in Brazil". *Antipode*, 45(4), 2013a, pp. 1005-28.

_____. "Fuelling Global Production Networks with Slave Labour? Migrant Sugar Cane Workers in the Brazilian Ethanol GPN". *Geoforum*, 44, 2013b, pp. 32-43.

_____; STRAUSS, K. "Unfreedom and Workers' Power: Ever-present Possibilities". In: VAN DER PIJL, K. (Ed.). *The International Political Economy of Production*. Cheltenham: Edward Elgar, 2015, pp. 299-317.

ORGANIZAÇÃO INTERNACIONAL DO TRABALHO. *Possibilidades jurídicas de combate ao trabalho escravo*. Organização Internacional do Trabalho, Brasília, 2007.

PLASSAT, X. "Caso de trabalho escravo faz OEA pôr Brasil no banco dos réus". *Repórter Brasil*, 2016. Disponível em: <http://reporterbrasil.org.br/2016/03/caso-de-trabalho-escravo-faz-oea-por-brasil-no-banco-dos-reus/>. Acesso em: 3 ago. 2018.

PROKOPETS, A., "Trafficking in Information: Evaluating the Efficacy of the California Transparency in Supply Chains Act of 2010". *Hastings International and Comparative Law Review*, 37, 2014.

SEGATTI, A. E. B. et al. "Trabalho escravo: reflexões sobre a responsabilidade na cadeia produtiva". In: REZENDE FIGUEIRA, R.; ANTUNES PRADO, A.; GALVÃO, E. M. (Eds.). *Discussões contemporâneas sobre trabalho escravo*: teoria e pesquisa. Rio de Janeiro: Mauad, 2017, pp. 99-116.

SKRIVÁNKOVA, K. *Between Decent Work and Forced Labour:* Examining the Continuum of Exploitation. York. 2010. Disponível em: <http://www.gla.gov.uk/media/1585/jrf-between-decent-work-and-forced-labour.pdf>. Acesso em: 3 ago. 2018.

IGLP LAW AND GLOBAL PRODUCTION WORKING GROUP (THE). "The Role of Law in Global Value Chains: a Research Manifesto". *London Review of International Law*, 2016, 4(1), pp. 57-79.

Tradução: Marília Ramos

O IMPACTO DA ESCRAVIDÃO NAS MUDANÇAS CLIMÁTICAS

KEVIN BALES

Nos últimos séculos, as atividades humanas causaram tanto impacto ao planeta Terra a ponto de se tornarem uma força geológica significativa, influenciando de forma profunda diversos elementos do meio ambiente. As mudanças climáticas são um dos aspectos mais relevantes dessas transformações, e o aumento de sua intensidade deve atingir as populações mais vulneráveis ao redor do globo (além de colocar mais seres humanos nessa categoria). Este capítulo traça paralelos entre vulnerabilidade, deslocamentos e trabalho escravo, demonstrando como este fenômeno é intimamente ligado à destruição ambiental.

O ANTROPOCENO

Em maio de 2000, Paul Crutzen e Eugene Stoermer publicaram um pequeno artigo na *newsletter* do Programa Internacional Geosfera-Biosfera (IGBP, na sigla em inglês) intitulado "O antropoceno", no qual apontam uma série de trabalhos do final do século XIX e começo do século XX em que cientistas notaram como "as atividades humanas foram, gradualmente, se expandindo a ponto de se tornarem uma força geológica, morfológica significativa".

Da perspectiva do nascente século XXI, os autores oferecem um número ainda maior de indicadores a respeito dessa força capaz de alterar o mundo, incluindo o aumento em 10 vezes da população humana ao longo dos últimos 300 anos; o fato de que entre 30% e 50% da superfície terrestre global foi transformada pela atividade humana; a perda relativamente recente de 50% dos mangues em todo o mundo; o aumento substancial de uma série de "gases de efeito estufa" na atmosfera; e um aumento da taxa de extinção de espécies em até dez mil vezes nas florestas tropicais.

Somando tudo isso, eles afirmam que, mesmo sem a ocorrência de grandes catástrofes como uma imensa erupção vulcânica, guerra nuclear, impacto de asteroide ou a "contínua espoliação dos recursos terrestres por tecnologias ainda parcialmente primitivas", a "humanidade continuará a ser uma força geológica considerável por muitos milênios, talvez por milhões de anos".

Estavam no ano 2000 e todas as evidências estabelecidas já mostravam o enorme e crescente impacto das mudanças climáticas. O que os autores esclareceram foi que a natureza do Holoceno, a época geológica iniciada em torno de 11.700 anos atrás e que chega até os tempos atuais, estava mudando a ponto de não ser mais reconhecível. A maior parte da história humana – incluindo nossas vidas – aconteceu na época geológica do Holoceno.

Mas os fatos básicos sobre nosso mundo natural estavam sendo suplantados por um novo cenário de condições ambientais e geológicas globais causadas pelos seres humanos. Como o mundo estava sendo transformado de forma bastante dramática e significativa pelas pessoas, eles argumentaram que nós

152

entramos numa nova época na história mundial e a nomearam de acordo com o impacto humano que a criou – o Antropoceno. Nos 18 anos seguintes à denominação do Antropoceno, as distintas e abrangentes tendências notadas por Crutzen e Stoermer se expandiram em tamanho e efeito. Por exemplo, enquanto eles observaram entre 30% e 50% da superfície terrestre transformada pela atividade humana, em 2016, Venter et al. colocavam a superfície terrestre transformada em 75%. De 2000 a 2018, a população global cresceu ainda mais: de 6 bilhões para 7,6 bilhões de pessoas. Ao longo desse mesmo período, surgiu um debate a respeito de quando o Antropoceno teria de fato começado. Alguns dizem que seria em torno de 10 mil anos atrás, quando caçadores neolíticos e mudanças climáticas provocaram a extinção quase universal da megafauna (como rinocerontes-lanudos e mamutes). Outros argumentam que essa época começaria em 1610, quando o "Velho Mundo" da Europa colidiu com o "Novo Mundo" das Américas. Outros, ainda, defendem que o Antropoceno teve início em duas fases: primeiro, a Era Industrial (1800-1945), e então a Grande Aceleração (1945-presente). Eles explicam que na acepção corrente:

> O empreendimento humano acelerou subitamente após o fim da Segunda Guerra Mundial. Em apenas 50 anos a população dobrou, chegando a 6 bilhões de pessoas no final do século 20, enquanto a economia global aumentou em mais de 15 vezes. O consumo de petróleo cresceu numa razão de 3,5 desde 1960, e o número de veículos motorizados aumentou dramaticamente, de cerca de 40 milhões no final da guerra para quase 700 milhões em 1996. De 1950 a 2000, a porcentagem da população mundial vivendo em áreas urbanas cresceu de 30 para 50% – e esse crescimento continua de maneira acentuada. A interconexão de culturas está aumentando rapidamente com a explosão da comunicação eletrônica, das viagens internacionais e da globalização econômica.

Devido a esse aumento dramático na produção e no consumo humanos, os autores alegam que

> a Terra está em seu sexto evento de grande extinção, com taxas de perda de espécies crescendo aceleradamente, tanto em ecossistemas terrestres quanto nos marinhos. As concentrações atmosféricas de diversos e importantes gases de efeito estufa aumentaram substancialmente e a Terra está esquentando de maneira veloz.

Mas por que isso tudo importa quando tentamos entender as causas e consequências do trabalho escravo contemporâneo? Por que essas forças poderosas, dentre elas as mudanças climáticas, já alteraram o modo como as pessoas são escravizadas, bem como o modelo básico de negócios da escravização?

MUDANÇAS CLIMÁTICAS, AUMENTO POPULACIONAL E TRABALHO ESCRAVO CONTEMPORÂNEO

Já foi mostrado que o impacto do rápido crescimento populacional gerou, por sua vez, um impacto significativo na escravidão entre os últimos 100 e 50 anos. Ele se apresenta de forma mais categórica no custo, isto é, o que se precisa em termos de tempo, esforço, investimento, recursos etc. para adquirir um escravo ao longo do tempo. É difícil determinar um custo monetário preciso para a compra de escravos no passado e, ao longo da história humana, muitas pessoas escravizadas eram simplesmente capturadas por meio do uso da violência – embora mesmo essa captura exija investimentos em armamentos e pessoal. No entanto, revisando registros de valores e vendas de escravos desde 2000 a.C., sugere-se que em boa parte de

154

nosso passado e na maioria das circunstâncias, escravos eram investimentos de capital dispendiosos.

Adquirir escravos no passado demandava provavelmente tanto expedições militarizadas caras para capturar pessoas quanto transporte de longa distância para levá-las ao mercado. Se analisarmos com atenção os casos bem documentados, como os extensos registros de venda de escravos no Brasil, verificamos que, em 1848, o escravo médio (19 anos, trabalhador agrícola) custava entre 50 e 70 libras (libra esterlina da época), o equivalente a um valor aproximado entre 40 e 55 mil libras em 2017, ou entre 200 e 270 mil reais.

Tal padrão se repete pela história – custos consideráveis de aquisição ou transporte, e dependência de populações pequenas ou finitas de escravos potenciais significavam que os preços se mantinham altos quando comparados aos dias de hoje. Uma semelhança-chave possível de ser traçada pela história é a razão entre os preços de escravos e o preço de gado – de fato, gado é uma das poucas *commodities* cujo custo pode ser traçado com alguma segurança ao longo dos séculos. Tal fidedignidade se apoia no fato de que, antes do período industrial e da aplicação da energia a vapor, o gado geralmente representava a maior força motriz bruta disponível na maior parte das sociedades (um trabalho realizado por elefantes ou camelos em algumas poucas sociedades). Devido à sua força e à sua durabilidade, ao longo da história o gado teve um alto custo, mas raramente era tão caro quanto escravos – se é que em algum ponto chegou a sê-lo. Tal fato se confirma pelo testemunho de Aristóteles, que afirmou que "o boi desempenha o papel de escravo entre os pobres".

Essa razão de valor mudou com a explosão populacional iniciada na metade do século XX. Por séculos, a quantidade de gado necessária para comprar um escravo nunca ficou abaixo de dois e poderia atingir oito. Mas, considerando um contexto

155

similar hoje, em que há escravidão baseada na servidão por dívida hereditária na produção agrícola no norte da Índia, o custo para escravizar uma pessoa é menos de que um quinto do custo de um único boi. Embora a exatidão seja impossível quando trabalhamos com preços e seus equivalentes (como o custo do gado), os padrões gerais ficam claros.

Esse colapso do custo de escravos e seu impacto na vida das pessoas escravizadas (assim como os incrementos nos lucros dos escravistas) podem ser considerados os primeiros efeitos significativos das grandes mudanças ambientais do Antropoceno na escravidão. Em outras palavras, quando o custo de um ser humano chega a esse nível, ele deixa de ser item de compra de capital para se tornarem insumos descartáveis nos processos econômicos. A implicação desse deslocamento é histórica, uma queda radical no valor econômico dos escravos levando a transformações no modo como as pessoas escravizadas são utilizadas e tratadas.

O CÍRCULO VICIOSO: ESCRAVIDÃO E DESTRUIÇÃO DO MEIO AMBIENTE

Uma das maneiras de se empregar escravos é a exploração e destruição do meio ambiente natural numa escala crescente. Isso não se resume apenas a, por exemplo, pessoas escravizadas serem usadas como mão de obra para destruir florestas e aumentar as emissões de gases de efeito estufa, intensificando assim as mudanças climáticas. Tampouco se restringe a um caso de mudanças climáticas levando a secas, inundações ou desertificação que forçam pessoas a situações de maior vulnerabilidade, levando-as a se tornar vítimas do trabalho escravo contemporâneo. O que tem acontecido, e ainda acontece no mundo inteiro todos os dias, é um ciclo de escravidão e destruição ambiental que segue sem cessar, destruindo tanto o mundo natural quanto as vidas das pessoas escravizadas e forçadas a levar a cabo a destruição desse ambiente natural.

Esse círculo vicioso não apareceu de uma hora para outra com a "descoberta" das mudanças climáticas, no final do século XX. Assim como os demais fatores humanos impulsionando a mudança ambiental que trouxe o Antropoceno, esse ciclo, constituído por milhares de ciclos menores, teve um início lento e longo. Suas origens foram tão lentas que eram, na realidade, invisíveis. Há pelo menos 150 anos atrás, pouquíssimas pessoas conseguiam enxergar o padrão cíclico de destruição que agora é tão evidente.

Um exemplo é a destruição de vastas florestas na região sudeste dos Estados Unidos (o Sul Profundo, ou *Deep South*, em inglês) durante o século XIX. Desde o estabelecimento das colônias europeias, a escravidão era parte fundamental da sociedade americana no Sul Profundo. Essa região era uma vasta e rica floresta subtropical, cobrindo em torno de 1,5 milhão de quilômetros quadrados e sustentando populações indígenas que representam diversas etnias que logo seriam deslocadas à força.

Em 1800, havia em torno de 700 mil escravos nos Estados Unidos, sobretudo no Sul Profundo, representando, contudo, apenas 17% da população. Foi então que uma inovação tecnológica – o descaroçador de algodão – alterou radicalmente a economia da escravidão e da produção de algodão, desencadeando um ciclo pujante de destruição ambiental, escravidão e crescimento econômico. Com esse equipamento foi possível passar mais força de trabalho para o cultivo, e o algodão pôde ser produzido numa escala bem maior, e processado de forma muito mais barata. A Revolução Industrial na Grã-Bretanha, centrada na fabricação de tecidos e vestimentas, explodiu com a introdução do algodão americano a preço reduzido.

O resultado foi um ciclo de inovação tecnológica conectando destruição florestal, escravidão, agricultura, processamento, fiação e tecelagem de algodão e produção de indumentária, que revolucionou o desenho e o modo de usar as roupas. Tudo isso – esse crescimento e essa mudança dramáticos – em cima das costas dos escravos. No Sul Profundo, fazendeiros ficaram ricos, a demanda por trabalho encareceu o preço dos escravos e florestas ancestrais foram derrubadas para dar lugar a vastas plantações de algodão usando centenas de escravos como mão de obra. A procriação de escravos também se tornou altamente lucrativa, e os 700 mil escravizados em 1800 chegaram a quatro milhões de pessoas em 1860.

Outros quatro milhões de trabalhadores têxteis (de uma população nacional de 21 milhões) na Grã-Bretanha dependiam dos 900 milhões de quilos de algodão que vinham anualmente da América. Era um círculo vicioso de demanda de consumo, escravidão e destruição ambiental que se equipara com o que vemos hoje na produção de eletrônicos e de muitos produtos alimentícios. As grandes florestas sulistas, perdidas em 1850, foram apenas um primeiro passo no desmatamento global. O desflorestamento em curso atingiu o ponto crítico em 2014, quando os níveis de carbono na atmosfera chegaram a 400ppm: o "equilíbrio do carbono" se rompeu e as florestas restantes não mais poderiam absorver o carbono gerado pela atividade humana.

MUDANÇAS CLIMÁTICAS E ESCRAVIDÃO

Em todo o mundo, os ciclos de destruição, vulnerabilidade, escravização e uso de pessoas escravizadas para seguir destruindo continuam ocorrendo. Enquanto isso, existem pelo menos nove grandes tendências ambientais impulsionadas pela atividade humana que continuam a moldar o futuro. Se tomarmos essas tendências vigentes e as estendermos em direção ao futuro, conseguimos analisar como elas podem alterar a prática da escravidão global. Essas tendências são áreas de risco potencial – tanto para pessoas quanto para o planeta. Conhecidas como "fronteiras planetárias", elas são ameaças que podem impactar as sociedades humanas e os ecossistemas maiores. É possível examinar essas fronteiras planetárias e explorar seu possível impacto na incidência do trabalho escravo contemporâneo.

Mudanças climáticas

Eventos meteorológicos extremos criam condições em que a vulnerabilidade à escravização aumenta. Atualmente, em todo o globo, esses eventos causam mais mortes do que outras catástrofes. Sabe-se que ciclones tropicais anteriores – e seus consequentes danos a cidades e assentamentos litorâneos – destruíram infraestrutura, impulsionaram o número de pessoas refugiadas e tornaram um grande número de pessoas sem teto e empobrecidas. Considerando a perspectiva de que tempestades de categorias 4 e 5 dobrem em frequência até o final do século, um número crescente de pessoas será forçado a uma situação de maior vulnerabilidade. O mesmo se aplica ao aumento previsto na frequência de grandes inundações, que danificam povoamentos, prejudicam a agricultura e provocam crises na saúde pública.

Ao mesmo tempo, padrões meteorológicos em mudança significam transtornos na produção de alimentos. O impacto nas populações vulneráveis é triplo. Primeiramente, a insegurança alimentar força as famílias a tomarem decisões desesperadas, inclusive permitindo que sejam atraídas para aliciamento de empregos que são um veículo para a escravização. Em segundo lugar, a falta de alimentação adequada enfraquece a capacidade produtiva das famílias e tolhe o capital humano da juventude, aumentando a vulnerabilidade à exploração. Por fim, insegurança alimentar somada ao movimento de zonas de vegetação faz com que as populações afetadas tornem-se refugiadas.

Acidificação oceânica

Cerca de um terço do CO_2 gerado pela atividade humana é absorvido pelos oceanos – não fosse isso, os níveis atmosféricos seriam significativamente mais altos do que são. Algumas espécies, principalmente árvores de manguezais, são críticas para a fixação desse CO_2 nos oceanos – as mesmas que estão seriamente ameaçadas pelas atividades humanas, incluindo o trabalho escravo usado para destruir reservas de manguezais protegidas. Contudo, a fixação de quantidades crescentes de CO_2 nos oceanos torna-os mais ácidos. Esse processo é conhecido como acidificação oceânica e sua taxa atual é a mais alta dos últimos 300 milhões de anos. Hoje, recifes de corais e outros habitats de espécies marinhas são destruídos pela acidificação. Comunidades que dependem de recursos marinhos para alimentação são afetadas da mesma maneira que a perda de terras agrícolas prejudicam aldeias rurais, gerando deslocamentos forçados, insegurança alimentar, problemas de saúde pública e maior probabilidade de exploração.

Sobrecarga de aerossóis atmosféricos

Aerossóis são pequenas partículas suspensas na atmosfera que podem ocorrer naturalmente ou por meio da atividade humana. Uma característica-chave do Antropoceno é o crescimento contínuo da concentração de aerossóis desde o começo da Revolução Industrial. Pesquisas sobre aerossóis sugerem uma conexão com mudanças no clima e nos padrões de chuva, bem como com a viabilidade de alguns ecossistemas marinhos. O que se sabe é: populações asiáticas, em especial, vivem em atmosferas que excedem as diretrizes da Organização Mundial da Saúde para concentração de aerossóis. Andre Nel notou seu impacto extremamente negativo na saúde humana, especialmente conexões entre poluição atmosférica e doenças respiratórias e cardíacas, e estima que a taxa de mortalidade chegue a 500 mil pessoas por ano. A Organização Mundial da Saúde também aponta para a causalidade circular conectando doenças respiratórias e outras doenças crônicas à pobreza, devido a níveis mais altos de exposição e menor acesso a cuidados médicos. Ao todo, aerossóis atmosféricos podem impactar as vidas das pessoas pobres e vulneráveis. Combinados com outros fatores, os desafios de saúde criados pelos aerossóis podem contribuir para o aumento das possibilidades de exploração.

Ciclos do nitrogênio e do fósforo

Os ciclos do nitrogênio e do fósforo ocorrem naturalmente no ecossistema global. O nitrogênio é gerado por processos biológicos (como atividade bacteriana) e o fósforo é lentamente extraído da terra por meio de erosão e desagregação. Uma vez no ecossistema, ambos servem como nutrientes para o crescimento de plantas e animais, e são comumente utilizados como fertilizantes. Contudo, o uso de combustíveis fósseis e de fertilizantes à base de petróleo fazem com que a quantidade de fósforo e nitrogênio introduzida pelos seres humanos exceda todas as fontes naturais desses elementos combinadas. A sobrecarga desses nutrientes no mundo leva à eutrofização, fenômeno que se caracteriza por uma quantidade excessiva de nutrientes para plantas em corpos de água, levando ao crescimento explosivo de vida vegetal, o que, por sua vez, remove oxigênio da água e causa a morte da vida animal, especialmente das reservas de peixe. A eutrofização não é tão dramática quanto os outros processos mencionados anteriormente, porém não deixa de ser uma força séria e crescente que contribui com o declínio ambiental.

Uso global de água doce

A explosão de população humana responsável pelo colapso do preço de escravos também criou uma demanda por água doce que não é sustentável. Reservas hídricas subterrâneas, que se encheram ao longo de milênios, estão sendo drenadas em poucas décadas. O ciclo natural da água não mais consegue dar conta da necessidade. A atividade humana remove água dos rios numa velocidade tão grande que, hoje, 25% deles secam antes de atingir os oceanos. Ao mesmo tempo, a água, principalmente dos rios, está considerável e gravemente poluída. Quatro quintos da população global vive em condição de insegurança hídrica, e essa situação vem piorando. Atualmente, o custo da água – tanto em tempo quanto em dinheiro – é uma barreira significativa para populações do mundo em desenvolvimento, em particular as mais pobres. Ao cruzar o limite global de água fresca, temos como resultado uma luta severa pela existência de milhões, também ligada ao aumento potencial da escravização.

Mudança no sistema de divisão de terras

Mudanças climáticas levam a mudanças no uso da terra, tornando alguns ambientes inutilizáveis para agricultura e abrindo outros para cultivos mais intensivos. A pressão populacional estimula o uso da terra, destruindo a biodiversidade e levando à perda de florestas. Reservas florestais protegidas são alvo de criminosos que utilizam trabalhadores escravizados e sua destruição libera grandes quantidades de CO_2 na atmosfera. Devido principalmente a esse desmatamento baseado na mão de obra escrava, a escravidão é considerada o terceiro maior emissor individual de CO_2 do mundo, ficando atrás da China e dos Estados Unidos. Perdas florestais também causam inundações e podem ser catastróficas para comunidades costeiras que vêm experimentando um aumento de tempestades devido a furacões e ciclones ou tsunamis.

É esperado que as reservas de terras "selvagens" (que poderiam ser adequadamente convertidas para o cultivo) sejam exauridas entre 2020 e 2050. A conversão de áreas "selvagens" para a agricultura e a pecuária, somada a mudanças climáticas e técnicas de cultivo precárias podem levar, por exemplo, a processos de desertificação. A conversão das ricas e complexas florestas amazônicas em pastagem para gado produz terrenos compactados que não seguram a água da chuva. Com isso, um ecossistema exuberante se torna uma bacia desnuda e erodida. Os efeitos causados por mudanças de uso da terra também desalojam famílias e comunidades, reduzem suas produções férteis e voltadas para subsistência e aumentam sua vulnerabilidade para a exploração.

Perda de biodiversidade

Para melhor compreender a perda de biodiversidade, é importante atentar primeiro para a linha de base ou as medidas de referência de diversidade de espécies em diferentes ecossistemas. Existem milhares de ecossistemas únicos no planeta, mas mesmo uma comparação simples entre dois biomas bastante diferentes pode ser ilustrativa. A diversidade de espécies é um recurso biológico: quanto mais diversas e numerosas as espécies, mais resiliente é o ecossistema. Em habitats ricos, quando florestas são derrubadas e, em seguida, a terra é queimada para remover outras folhagens, destroem-se as residências ambientais de milhares de espécies, cuja existência se torna ameaçada. Para alguns insetos, anfíbios e plantas, isso é um massacre, quando não extinção.

No passado, uma característica-chave da transição dramática entre épocas era a perda de espécies. Quando mais de 75% das espécies são perdidas durante um curto período temporal, essa perda é referida como extinção em massa. Houve cinco extinções em massa ao longo da história do planeta. Atualmente, o mundo ainda não atingiu uma taxa de extinção de 75%. No entanto, sem uma intervenção significativa, a extinção em massa pode ser alcançada ainda neste século. A perda de espécies é impulsionada pelos processos correntes e interconectados já mencionados: acidificação dos oceanos, mudanças climáticas, mudanças nos níveis atmosféricos de CO_2, e perda de habitat.

É muito difícil calcular o impacto da perda de biodiversidade. A perda de uma *única* espécie pode ser desastrosa para um ecossistema, especialmente no caso de espécies-chave (como abelhas, elefantes, colibris, mangues-vermelhos) – uma espécie que desempenha um papel único e crucial na manutenção da viabilidade de determinado ecossistema. Uma vez que essa espécie desaparece, a extinção é irreversível e o delicado equilíbrio entre evolução e adaptação não pode mais ser restaurado. As consequências para os seres humanos que vivem em áreas onde a biodiversidade é perdida são previsíveis: deslocamento e migração forçados, perda de subsistência, negação do capital humano em habilidades e costumes baseados na coexistência dentro de um ecossistema em particular, estabilidade reduzida e maior vulnerabilidade a riscos de saúde e exploração.

Poluição química

A atividade humana produz uma vasta quantidade de compostos químicos que não ocorrem naturalmente no meio ambiente. Como exemplos, podemos citar os compostos orgânicos sintéticos encontrados em pesticidas, desfolhantes e aditivos de combustíveis. Outros compostos naturais, mas potencialmente problemáticos, são produzidos por meio da mineração e outros processos, como materiais radioativos, cádmio, chumbo e mercúrio altamente venenosos, que são subsequentemente disseminados de maneira extensiva por todo o ambiente. Soma-se a isso a disseminação de óxidos de nitrogênio e enxofre no ar, decorrentes da queima de combustíveis fósseis, que têm sérios efeitos para a saúde e contribuem para o processo de acidificação. Alguns compostos perigosos, como dioxinas, DDT e PCBs (bifenilos policlorados) foram banidos, no entanto, seus resíduos permanecem no meio ambiente. Considerados em conjunto, o impacto desses poluentes pode ser catastroficamente mortal – como no desastre industrial de Bhopal. Para trabalhadores escravizados na mineração ou em outros ambientes de trabalho altamente poluídos, sem proteção contra a exposição a essas substâncias, o

165

trabalho pode ser uma sentença de morte. Para trabalhadores livres nas mesmas condições abusivas, os resultados frequentes são doença ou deficiência, o contínuo empobrecimento de famílias e maior vulnerabilidade a vários tipos de problemas, incluindo escravização.

ESCRAVIDÃO NO ANTROPOCENO – PARA ONDE VAMOS?

A escravidão é um conjunto diverso de processos e resultados. Ela ocorre globalmente nas mais diferentes formas, contudo, a experiência primordial da escravidão segue a mesma: o controle completo de uma pessoa sobre outra, imposto por meio da violência e servindo de pilar para a exploração. São os mecanismos específicos de aliciamento, coação, controle e exploração que variam consideravelmente, refletindo os contextos e economias locais. O que impulsiona e sustenta a escravidão num local pode mudar em outro, mas há temas nas "causas" ou indicadores de escravidão. Guerras e conflitos, corrupção dos governos, fracasso do Estado de direito, elevados níveis de discriminação, migração forçada, pobreza, insuficiência ou inexistência de educação e acesso à saúde, além de fatores culturais, como misoginia, são conhecidos por prognosticar escravidão dentro de uma nação ou comunidade. Além disso, a destruição ambiental e suas muitas consequências e sequelas também são fatores conhecidos por impulsionar pessoas a um estado de vulnerabilidade que eleva o risco de escravização.

Se olharmos com cuidado para a intersecção entre as formas contemporâneas de escravização e as atuais mudanças ambientais geradas pela atividade humana, quais são os possíveis resultados a serem projetados? Conscientes de que o mercado para previsões é infinito, mas normalmente inútil, apenas três cenários futuros concorrentes são oferecidos aqui, com o total conhecimento de que, embora o futuro possa ser previsível, ele é, em última instância, desconhecido.

Cenário futuro número 1: o movimento global antiescravidão continua crescendo

A conexão entre trabalho escravo contemporâneo, destruição ambiental e mudanças climáticas, como mostrado, é circular, significativa, mundial e de reforço mútuo. Mudanças climáticas impulsionam efeitos ambientais que aumentam o risco de escravização. Pessoas escravizadas frequentemente são forçadas a trabalhar em atividades extremamente destrutivas para o meio ambiente que, por sua vez, intensificam as pressões sobre populações vulneráveis. A escravidão também é um entrave para as economias: ela tira das pessoas a oportunidade de educação e nasce da corrupção e do conflito. Se essas tendências destrutivas que se reforçam mutuamente fossem revertidas, qual seria o resultado?

Essa questão está no centro do experimento social e econômico hoje executado pelo movimento global contra a escravidão. Desde os anos 1990, o trabalho de combate à escravidão teve um crescimento vertiginoso e constante em termos de tamanho, diversidade, recursos e competências. A taxa de crescimento e disseminação de diferentes estratégias antiescravidão vem aumentando. Enquanto os recursos humanos e econômicos necessários para uma redução considerável do trabalho escravo em todo o globo ainda não são alcançados, a tendência é positiva e alguns esforços locais para a erradicação têm sido bem-sucedidos.

Se projetarmos a tendência atual de atividade contra escravidão para o futuro, três resultados-chave aparecem. Primeiro, a escravidão diminui devagar, e então de maneira mais rápida, levando a uma queda no número de pessoas escravizadas em todo o mundo ao longo dos próximos 30 anos, dos estimados 40,3 milhões atuais para menos de um milhão, com as pessoas escravizadas restantes distribuídas consideravelmente em bolsões de criminalidade ou opressão cultural. Em segundo, a reintegração de ex-escravos na vida produtiva aumenta o consumo e sustenta um "dividendo de liberdade" pago a economias locais e nacionais. Esse dividendo se dá não apenas com salários maiores, formação de capital e consumo, mas também por meio de melhores condições de saúde pública, melhores níveis educacionais, menores níveis de corrupção, maior participação política e menor destruição ambiental. Finalmente, as emissões de CO_2 sofrem uma queda estimada de 2,5 a 3 bilhões de toneladas por ano, já que o desmatamento ilegal é reduzido e a perda de espécies é prevenida. Empregar as pessoas libertas no replantio das florestas que foram forçadas a cortar também geraria uma redução ou reversão das emissões de carbono, já que as florestas de sequestro de carbono seriam recriadas.

Esses resultados antiescravidão seriam suficientes para diminuir ou parar os abrangentes problemas criados pelos seres humanos que deram ao Antropoceno seu nome? Provavelmente não, mas, juntamente com outras políticas como a adaptação a estratégias de energia limpa e proteção ambiental mais fortes, poderiam ter um efeito de retardamento e, potencialmente, significar que o planeta poderia enfrentar a projeção de população global máxima de 10 bilhões que ocorreria em torno de 2050. Deve-se notar que algumas projeções sugerem que o crescimento continuará por um bom período ainda no século XXII. Nesse cenário, acabar com a escravidão tem um impacto benéfico que vai muito além do alcance dos direitos humanos fundamentais, possibilitando ainda retardar a perda ambiental e as mudanças climáticas e reduzir o impacto negativo coletivo da atividade humana no meio ambiente.

Cenário futuro número 2: os impactos antropogênicos retardam ou param o movimento global antiescravidão

Na corrida para preservar espécies e habitats, retardar as emissões de carbono e cessar a destruição ambiental, várias agências internacionais realizaram estudos de referência e projeção. Tanto as Nações Unidas quanto a Administração Nacional da Aeronáutica e Espaço dos Estados Unidos (Nasa) conduziram amplas avaliações de possíveis futuros ambientais. Essas avaliações estão fundamentalmente de acordo entre si. Em poucas palavras: temperaturas globais continuarão a aumentar; épocas de plantio serão alteradas (algumas estendidas, outras encurtadas), o que vai elevar as emissões de gases de efeito estufa; os padrões de precipitação vão mudar, inundando algumas áreas e levando secas a outras; ondas de calor se tornarão mais prevalentes; furacões, ciclones e outros eventos de clima extremo vão se tornar mais poderosos e intensos; os níveis dos oceanos vão aumentar em até 1,3 metro até 2100, inundando várias regiões; o Ártico não terá mais gelo; e a insegurança alimentar irá crescer, assim como conflitos locais e internacionais.

Esse é o cenário de "manutenção do *status quo*" – ou seja, é o que as melhores previsões dizem que vai acontecer se continuarmos como estamos hoje. Nesse quadro, as tempestades,

169

inundações, perda de reservas alimentares e todos os outros problemas se sobreporiam à preocupação em relação ao relativamente baixo número de escravos no planeta, apesar de seus possíveis papéis na criação dessa crise. A escravidão e o movimento que a combate desempenham um papel muito pequeno nesse futuro. Por exemplo, a eleição de líderes, principalmente nas maiores economias, que se recusam a agir contra as mudanças climáticas poderia cancelar os resultados positivos gerados pelo movimento antiescravidão. Assim, a quantidade de pessoas submetidas ao trabalho escravo globalmente se manteria o mesmo ou aumentaria e o meio ambiente do planeta (assim como a qualidade da vida humana) continuaria a declinar.

Cenário futuro número 3: o modelo MTPE, extinção em massa e transformação

Há mais ou menos 55 milhões de anos, houve um rápido (em termos geológicos) aumento nos níveis atmosféricos de CO_2, desencadeado por um processo de acidificação do oceano, emissões de carbono do *pergelissolo* (*permafrost*, em inglês) e outras possíveis causas, que resultou num aumento de 5°C a 8°C na temperatura global. Esse período é conhecido como Máximo Térmico do Paleoceno-Eoceno (MTPE, ou PETM, em inglês), devido às temperaturas globais extremamente altas que duraram em torno de 200 mil anos.

Um dos resultados do MTPE foi uma extinção em massa de até metade de todas as espécies que viviam nos oceanos. Outro foi a transformação da Antártida num ambiente subtropical livre de gelo. Embora longínquo, o MTPE é importante porque cientistas acreditam que o CO_2 atmosférico aumentou numa velocidade muito mais baixa do que a atual

170

e que ele foi fomentado por processos como a acidificação do oceano, que também está ocorrendo agora. Atualmente, o derretimento do *pergelissolo* no Ártico e na Sibéria e a consequente liberação de carbono são uniformemente descritas como "massivos", e estão progredindo numa velocidade muito maior do que a que antecedeu o MTPE.

A estreita interconexão do meio ambiente global sugere que esse não é um futuro improvável. Estudos de extremos climáticos do passado – do MTPE às eras do gelo – mostram que uma série de variáveis ambientais, geológicas e biológicas relacionadas desencadeiam ou influenciam uma à outra de maneiras que levam a efeitos em cascata. As consequências do aquecimento global são frequentemente exponenciais e não aditivas, conforme demonstrado no derretimento do *pergelissolo* e as emissões de CO_2 resultantes. Não se pode presumir que a cadeia de reações interligadas de acidificação, aquecimento e outras formas de interferência ambiental antropogênicas seja imune a momentos de mudança ou tendências de aceleração exponencial.

Nesse cenário, escravidão, antiescravidão e a maioria das demais atividades humanas se tornarão irrelevantes. A vida urbanizada moderna tal como a conhecemos seria radicalmente transformada. Esse futuro dificilmente incluiria a extinção de nossa espécie, especialmente quando consideramos o relativo sucesso de mamíferos no MTPE, mas sua natureza é incognoscível, exceto num sentido. Se a atividade humana desencadear um efeito cascata que resulte num aumento de 8°C na temperatura global ao longo de um período relativamente curto, ela própria geraria as condições que iriam interromper o impacto humano característico do Antropoceno, talvez levando a uma época sucessora bastante diferente.

171

Referências bibliográficas

ARISTÓTELES. *Politics*. 2. ed. Chicago: University of Chicago Press, 2013.

BALES, Kevin. *Disposable People*: New Slavery in the Global Economy. Berkeley: University of California Press, 1999.

BALES, Kevin. *Blood and Earth*. Nova York: Penguin Random House, 2016.

BARNOSKY, A.D. et al. "Has the Earth's Sixth Mass Extinction Already Arrived?". *Nature*, 471(7336), 2011, pp. 51–7. (Ver também: HARNIK, P.G. et al. "Extinctions in Ancient and Modern Seas". *Trends Ecology Evol*, 27(11), 2012, pp. 608-17.)

BENDER, M.A. et al. "Modeled Impact of Anthropogenic Warming on the Frequency of Intense Atlantic Hurricanes". *Science*, 327, 2010, pp. 454-58. (Ver também: KNUTSON, T. R. et al. "Tropical Cyclones and Climate Change". *Nat Geosci*, 3, 2010, pp. 157-63.)

BOUWER, L.M. "Projections of Future Extreme Weather Losses Under Changes in Climate and Exposure". *Risk Anal*, 2012.

CRUTZEN, Paul J.; STOERMER, Eugene F. "The 'Anthropocene'". *International Geosphere-Biosphere Programme* (IGBP) *Newsletter*, n. 41, maio 2000, pp. 17-8. (Título e trechos citados foram traduzidos pelos responsáveis por esta edição.)

FALKENMARK, M.; MOLDEN, D. "Wake Up to Realities of River Basin Closure". *Int J Water Resour Deve*, 24(2), 2008, pp. 201-15.

FEW, R. *Flood Hazards and Health: Responding to Present and Future Risks*. Earthscan: Trowbridge, 2012. (Ver também: MILLY, P.C.D. et al. "Increasing Risk of Great Floods in a Changing Climate". *Nature*, 415(6871), 2002, pp. 514-7.)

HÖNISCH, B. et al. "The Geological Record of Ocean Acidification". *Science*, 335(6072), 2012, pp. 1058-63.

HUGHES, L. "Climate Change and Australia: Trends, Projections and Impacts". *Austral Ecol*, 28(4), 2003, pp. 423-43.

LAU, K.; KIM, M.; KIM, K. "Asian Summer Monsoon Anomalies Induced by Aerosol Direct Forcing: the Role of the Tibetan Plateau". *Climate Dynam*, 26(7), 2006, pp. 855-64. (Ver também: PAYTAN, A. et al. "Toxicity of Atmospheric Aerosols on Marine Phytoplankton". *Proc Natl Acad Sci*, 106(12), 2009, pp. 4601–05.)

NEL, A. "Air Pollution-Related Illness: Effects of Particles". *Science*, 308(5723), 2005, pp. 804-6.

TESI, T. et al. "Massive Remobilization of Permafrost Carbon During Post-Glacial Warming". *Nature Communications*, 2016.

VENTER, O. et al. "Sixteen Years of Change in the Global Terrestrial Human Footprint and Implications for Biodiversity Conservation". *Nat. Commun*, 2016.

WILL STEFFEN, Paul; CRUTZEN, J.; MCNEILL, John R. "The Anthropocene: Are Humans Now Overwhelming the Great Forces of Nature?" *Ambio*, v. 36, n. 8, Dez., 2007, pp. 614-21.

WORLD HEALTH ORGANIZATION. "Chronic Diseases and their Common Risk Factors". Disponível em: <http://www.who.int/chp/chronic_disease_report/media/Factsheet1.pdf.>. Acesso em: 15 jun. 2017.

YING CUI et al. "Slow Release of Fossil Carbon during the Palaeocene–Eocene Thermal Maximum". *Nature Geoscience*, 4 (7), 2011, pp. 481-5.

Tradução: Marília Ramos

POSFÁCIO

A HERANÇA DO RACISMO

RAISSA ROUSSENQ ALVES

Em 1995, o Estado brasileiro reconheceu oficialmente a existência de trabalho escravo em território nacional. Na época, admitiu-se que, apesar da abolição formal da escravatura em 1888, a submissão de trabalhadoras e trabalhadores a condições servis e extremamente degradantes de trabalho continuava a ser uma prática existente no país.[1] Embora a referência à ineficácia da Lei Áurea em acabar com a prática escravagista no Brasil seja recorrente nos discursos sobre o trabalho escravo contemporâneo, de maneira geral, não se estabelece uma linha de continuidade entre as práticas de escravização da população negra, legalizadas até o século XIX, e o fenômeno atual.

Com a desarticulação do projeto imigrantista e o advento da Primeira Guerra Mundial em 1914, a necessidade de mão de obra, especialmente na zona cafeeira paulista, deu ensejo a uma revisão dos discursos sobre os trabalhadores nacionais. A vadiagem e a inaptidão para o trabalho organizado e regular, reiterado ideológica e materialmente pelas elites com base nas teorias raciais em voga desde o processo de colonização, precisaram ser revistas para acomodar os interesses dos proprietários e empregadores na manutenção do funcionamento e produtividade de seus negócios.

Entretanto, a ideia de Nordeste, lugar prioritário de recrutamento dos trabalhadores, nem sempre existiu, sendo fruto de um longo processo de mobilização das características raciais da população e das diferenças regionais. As hierarquias raciais advindas com o colonialismo, que determinaram os rumos das discussões e medidas práticas sobre o futuro da população negra no pós-emancipação, não tiveram impacto apenas na definição dos lugares sociais dos diferentes grupos raciais, conformando também as hierarquias regionais, fenômeno intensificado com a proclamação da República.

Desde o século XIX, diferentes discursos já propagavam a diferenciação progressiva entre o Norte e o Sul do país, tendo como fundamento as teorias naturalistas e suas concepções sobre o impacto da raça e do meio nas diferentes populações. As hierarquias estabelecidas por esse paradigma provocaram um impacto decisivo sobre as formulações elaboradas a respeito da região Norte do país e de seu papel na nação que se formava. De acordo com esse pensamento, desenvolvido por teóricos que também propagavam a superioridade de brancos sobre negros, o Norte estaria condenado à decadência, necessitando do sangue restaurador europeu.

O destino do Norte era a subordinação crescente ao Sul, com a migração dos elementos "mais eugênicos" e, portanto, mais preparados para enfrentar as novas condições sociais que surgiam nessa região, restando no primeiro apenas os degenerados raciais e sociais. Nesse contexto, a migração europeia e a transição para o trabalho livre são fundamentais para se compreender melhor o regionalismo que se instaurou naquele momento, pois, segundo Durval Albuquerque Júnior,

> a regionalização do mercado de trabalho com a abolição e a concentração do processo imigratório no Sul, notadamente em São Paulo, induz a emergência de práticas regionalistas e querelas que atravessam todas as primeiras décadas deste século.

A descoberta da seca como arma política constitui dado fundamental para se compreender a diferenciação entre Norte e Sul nos discursos regionalistas. A partir de 1877, o discurso da seca é mobilizado pela elite nortista como uma forma de exigir recursos financeiros, realização de obras e cargos no Estado, tornando-se a atividade mais lucrativa nas províncias e nos estados do Norte, tendo em vista a decadência da produção de açúcar e algodão, principais atividades econômicas até então. A enunciação do Norte como o lugar do atraso econômico e social foi definitivamente incorporada pelas elites locais, aglutinando interesses diversos.

O termo "Nordeste" surge para designar a área de atuação da Inspetoria Federal de Obras contra as Secas (Ifocs), criada em 1919, denominando a área do Norte sujeita às estiagens. Entretanto, durante a década de 1920, a separação entre Norte e Nordeste ainda não estava consolidada, sendo os termos muitas vezes usados como sinônimos. A distinção começou a se consolidar nos discursos preocupados com a migração de "nordestinos" para a extração da borracha e o perigo de ausência de mão de obra nas lavouras tradicionais do Nordeste, articulando a separação entre a área amazônica e a área ocidental do Norte. O Nordeste é inventado como reelaboração das imagens e dos enunciados que construíram o antigo Norte, em contraposição ao Sul civilizado, e nutrido pela tentativa de permanência no poder de uma elite regional ameaçada pela derrocada econômica.

175

Preocupava-se, assim, com a invenção de uma origem e de uma tradição que valorizasse as estruturas hierárquicas existentes, reafirmando o lugar de dominação das oligarquias.

Gilberto Freyre teve papel fundamental na instituição sociológica do Nordeste a partir de uma perspectiva positiva, porém conservadora, pois articulou a mestiçagem e o regionalismo para definir o Nordeste como o lugar que materializava a harmonia entre as três raças formadoras da identidade nacional. Em termos mais amplos, as ideias de Freyre tornaram possível uma imagem de civilização que despertou o interesse e foi cooptada pelo governo de Getúlio Vargas, pois, com a desarticulação da política de imigração europeia, era preciso buscar uma nova forma de interpretar a predominância negra na população brasileira, sem abrir mão dos lugares sociais. Nesse sentido, especialmente no governo Vargas, Tanya Hernández argumenta que "a racialização dos espaços patrocinada pelo Estado permitiu que as identidades regionais permanecessem baseadas em raça, sem que isso fosse considerado contraditório à noção de democracia racial".

Assim, associou-se a identidade paulista à branquitude, à modernidade e ao progresso econômico, em contraposição à negritude e ao atraso do Nordeste, ainda segundo Tanya Hernández, "coexistindo com uma democracia racial, que retratava uma harmonia sobre um pano de fundo de hierarquia racial presumida".

Via de consequência, o Nordeste se consolidou perante o cenário nacional como fonte de mão de obra barata, fornecedor de carne negra mobilizada tanto para trabalhos no Sul, como nos empreendimentos subsidiados pelo Estado no Norte e Centro-Oeste do país. Incorporou-se na figura do nordestino a releitura do trabalhador nacional efetuada pelas elites quando não foi mais possível recorrer à importação em massa de mão de obra europeia. É essa mão de obra resiliente e disponível para qualquer tipo de empreitada que foi mobilizada pelo Estado Novo (1937-1945) na marcha para o interior em seu modelo de desenvolvimento.

A consolidação de uma ampla base urbana e fabril passava pela conquista do campo a partir das cidades – litoral-sertão – de modo a atender às necessidades da nova regulação econômica. Vislumbrava-se uma "incorporação imaginária" do trabalhador rural, pois esta não se daria nos mesmos moldes do trabalhador urbano. Nesse sentido, a sistematização do Direito do Trabalho durante o Estado Novo, cujo ápice é a publicação da Consolidação das Leis do Trabalho (CLT), em 1943, integrava uma proposta mais ampla de disciplinamento da população trabalhadora e consolidação de um novo tipo de cidadania. Foi nesse período que se forjou a figura do cidadão-trabalhador, construção que atendia tanto aos interesses de governabilidade do Estado como dos industriais brasileiros. Era preciso implantar uma visão positiva do trabalho e combater os inimigos internos: o estrangeiro, considerado subversivo, e o malandro, atrelado à vadiagem atribuída aos negros por não desejarem se enquadrar no regime de trabalho imposto.

Nesse contexto, a Constituição de 1937 não só estabelecia o direito ao trabalho, como o elevava a um dever social. Articulou-se um quadro no qual a cidadania foi atrelada ao trabalho, conforme os moldes e as expectativas do capital, ao mesmo tempo em que os direitos trabalhistas não foram conferidos a todas as categorias de trabalhadores, como os rurais e as domésticas, majoritariamente negros, que só tardiamente e de maneira precária tornaram-se parte do rol de trabalhadores albergados pelo Direito do Trabalho.

Nesse contexto, o Departamento de Imprensa e Propaganda (DIP), por meio da produção e divulgação do ideário do "Novo Brasil" almejado pelo Estado Novo, bem como o Departamento Nacional de Imigração (DNI), com o encaminhamento dos trabalhadores para o interior, exerceram papéis complementares na execução desse projeto de nação. Em 1940, o DNI encaminhou 8 mil trabalhadores nordestinos para os seringais do Alto Amazonas e para o território do Acre com o objetivo de colonizar o interior por meio da fixação das famílias sertanejas, substituindo o nomadismo pela ocupação sedentária da terra. Para isso, mobilizou-se a imagem do sertanejo como um ser abnegado, capaz de todos os sacrifícios, esperando-se, conforme coloca María Verónica Secreto, que "se dirigisse às fronteiras do Oeste e da Amazônia, que aguardasse pela chegada da legislação social, e que não fosse, de modo algum, em busca das cidades", reparando o erro histórico das migrações em sentido inverso que fugiriam à lógica natural.

Com o advento da Segunda Guerra Mundial e o alinhamento com os Estados Unidos, o governo brasileiro se viu impelido a incrementar a exportação de alguns produtos primários, entre eles a borracha, alterando os termos iniciais da "Marcha para Oeste". Os Acordos de Washington, de 1942, previam o incremento da produção da borracha a partir da ampliação da atividade extrativista baseada no recrutamento da mão de obra no Nordeste. O povoamento da região amazônica foi substituído pelo recrutamento de homens em caráter de urgência para trabalhar nos seringais. Com a migração de milhares de soldados da borracha, como ficaram conhecidos esses trabalhadores, houve um "recrudescimento da escravidão por dívida e dezenas de mortes oriundas das condições de vida e de trabalho", de acordo com Ricardo Rezende Figueira.

O processo de ocupação da Amazônia foi acelerado com a criação da Superintendência de Desenvolvimento da Amazônia (Sudam), em 1966. Seguindo o lema de integrar para não entregar, a ditadura civil-militar implementou uma política de fortes incentivos financeiros a grandes empresas, principalmente do ramo agropecuário. Para trabalhar nesses empreendimentos, milhares de trabalhadores foram arregimentados em outras regiões do país, especialmente no Nordeste. A facilidade de acesso à propriedade das terras (com preços simbólicos ou mesmo gratuitas), a mão de obra barata e os subsídios financeiros garantiram uma rápida ocupação da região por grandes empresas e grupos econômicos, gerando concentração de terras, violência no campo e empobrecimento das populações rurais e indígenas.

A violência desse processo de ocupação, tanto pela usurpação das terras como pelas condições de trabalho, foi denunciada a partir da década de 1970, principalmente pelos agentes pastorais que atuavam na região. A primeira denúncia pública de trabalho escravo contemporâneo ocorreu em 1971, na Carta Pastoral elaborada por dom Pedro Casaldáliga ao se tornar bispo da Prelazia de São Félix do Araguaia, região em que se instalaram a maior parte dos empreendimentos agropecuários aprovados pela Sudam. Em "Uma Igreja da Amazônia em conflito com o latifúndio e a marginalização social", o sacerdote apresenta uma descrição detalhada dessa região com cerca de 150.000 km² de extensão, localizada na Amazônia Legal, no nordeste de Mato Grosso, abrangendo, ainda a ilha do Bananal, em Goiás. Ao tratar da composição populacional da área, Dom Pedro descreve como a maior parte dos trabalhadores é composta de camponeses nordestinos, ao passo que os fazendeiros, gerentes e pessoal administrativo das fazendas latifundiárias são, em sua maioria, "sulistas distantes". Destaca ainda:

> É interessante reconhecer aqui um trecho da apreciação que faz sobre o racismo na região a citada "Pesquisa Sociológica": "Há uma série de degraus na consideração racista das pessoas: Sulista-sertanejo (nordestino); Branco-Preto; "Cristão"-Índio. O sulista fala em "essa gente", "esse povo", "aqui nunca viram, não sabem nem...", "são índios

mesmo" etc... O índio não é considerado gente pelo sertanejo. Ninguém confia em índio. Expressões sintomáticas: "O governo nos trata como carajá". Quando um índio atua, reage, se comporta "normalmente", o comentário é: "...que nem gente", "feito gente", [...] "Fulano tem cabelo bom", "sicrano tem cabelo ruim": [...] o branco é considerado superior e tem cabelo liso, logo o cabelo liso é bom, superior; e o cabelo pixaim é ruim, inferior, por ser negro, considerado raça inferior [...]".

As terras da prelazia foram adquiridas do governo do Mato Grosso a preços irrisórios por pessoas interessadas, que não habitavam a área, e depois vendidas e revendidas a comerciantes de terras, ocasionando grande concentração fundiária, além da formação de grupos abarcando vários empreendimentos. Como consequência, a população que já ocupava essas terras, vendidas como territórios vazios, foi surpreendida pelos novos "proprietários", sendo muitas vezes expulsa de suas posses ou sofrendo ameaças constantes para forçar sua saída. Desse modo, as áreas vendidas como vazias, na realidade, eram vilarejos ou pequenas propriedades voltadas para a agricultura de subsistência ou criação de animais em pequena escala. Muitas dessas comunidades possuíam edificações, como escolas e igrejas. O povoado de Santa Terezinha, o mais antigo e mais atingido pelos empreendimentos da Sudam na região – a chegada dos primeiros habitantes ocorreu em 1910 –, possuía ainda uma cooperativa agrícola e um ambulatório médico.

No que tange ao recrutamento de mão de obra e às condições de trabalho, ficam explícitas as relações análogas à escravidão estabelecidas entre peões, gatos e empresários na região, as quais não diferem muito das situações encontradas no século XXI. Dom Pedro Casaldáliga afirma ainda:

"Peão" já ganhou conotação depreciativa por parte do povo das vilas, como sendo pessoa sem direito e sem responsabilidade. Os fazendeiros mesmo consideram o peão como raça inferior, com o único dever de servir a eles, os "desbravadores". Nada fazem pela promoção humana dessa gente. O peão não tem direito à terra, à cultura, à assistência, à família, a nada. É incrível a resignação, a apatia e paciência destes homens, que só se explica pelo fatalismo sedimentado através de gerações de brasileiros sem pátria, dessas massas deserdadas de semiescravos que se sucederam desde as Capitanias Hereditárias.

Nos estudos sobre escravidão contemporânea desenvolvidos posteriormente, as hierarquias raciais entre proprietários e trabalhadores assumem um lugar periférico, optando-se por uma abordagem que privilegia a vulnerabilidade econômica como fator decisivo para a arregimentação de mão de obra escravizada. A assimilação da ideia de que as diferenças étnicas são pouco relevantes na escravidão atual tem como uma de suas consequências a quase inexistência de estatísticas e análises com enfoque na relação entre cor e trabalho em condições análogas às de escravo. Entretanto, os cruzamentos realizados pelo Laboratório de Análises Econômicas, Históricas, Sociais e Estatísticas das Relações Raciais (Laeser), vinculado ao Instituto de Economia da Universidade Federal do Rio de Janeiro (IE/UFRJ), confirmam a conexão entre esses fatores ao analisar a base de dados do Cadastro Único para Programas Sociais – CadÚnico do Governo Federal.[1]

Em fevereiro de 2009, 38.572 dos beneficiários do Programa Bolsa Família eram libertos do trabalho escravo. Dessas pessoas, 91,3% residiam no Nordeste, 6,1% no Sudeste e 2,7% nas demais regiões (Norte, Sul e Centro-Oeste). Segundo Marcelo Paixão (e demais autores), o "maior peso do Nordeste pode ser entendido pelo fato da especial exposição dos trabalhadores daquela região às redes de aliciamento para realização de atividades em diversas outras regiões do país". Nesse universo, 48,6% eram do sexo masculino e 51,4% do sexo feminino. Quanto à cor, 73,5% eram negros e pardos, "o que de algum modo significa que as antigas práticas escravistas, e aqueles que delas se beneficiam, ainda encontram nessas pessoas o alvo preferencial de sujeição", concluem.

Na mesma direção aponta relatório da Organização Internacional do Trabalho (OIT) sobre o trabalho escravo no Brasil no século XXI, publicado em 2006. Embora afirme que as diferenças étnicas não são mais fundamentais para a escolha da mão de obra, a organização reconhece a grande incidência de pessoas negras entre os resgatados do trabalho escravo contemporâneo em maior proporção que os demais grupos da população brasileira. Em documento posterior, de 2010, a OIT reforça o legado da escravidão na conformação do trabalho escravo contemporâneo no Brasil:

> Se no período colonial o "outro" destituído de humanidade era o negro africano, atualmente o "outro" a ser desumanizado é, preferencialmente, o pobre, muitas vezes, descendente dos escravos coloniais. A escravidão contemporânea, nesse sentido, não partiu de um recorte estritamente racial, mas, assim como a escravidão colonial, instituiu uma segmentação do mercado de trabalho, em que determinados membros da sociedade são passíveis de exploração, pois são passíveis de serem desumanizados. As condições degradantes de trabalho, por estarem direcionadas aos negros ou aos pobres, tornam-se práticas corriqueiras e aceitáveis. [...] Como resultado, as relações produzidas nas fazendas de hoje revelam valores e ações por parte dos fazendeiros ou patrões que se constituem em um padrão cultural semelhante ao que havia no Brasil no período da escravidão colonial.

Em 2017, foi lançado o Observatório Digital do Trabalho Escravo no Brasil, ferramenta desenvolvida pelo Ministério Público do Trabalho (MPT) e pela OIT. Essa plataforma disponibilizou publicamente os dados do então Ministério do Trabalho sobre a raça dos trabalhadores resgatados obtidos no preenchimento do formulário para concessão do seguro-desemprego. Dos trabalhadores resgatados entre 2003 e abril de 2017, 48,37% se declararam pardos e 13,62% se identificaram como pretos. Entretanto, o preenchimento irregular do campo raça nos formulários de seguro-desemprego torna o dado pouco confiável, apontando para a necessidade de aperfeiçoamento na coleta dessa informação.

O cruzamento de dados mais gerais sobre o trabalho escravo contemporâneo, a composição de cor das regiões e dos estados e a inserção de negros e negras no mercado de trabalho permite tornar mais complexa a análise do cenário e conectar racismo e regionalismo na conformação da escravidão contemporânea. Entre 1995 e 2016, mais de 52 mil trabalhadores foram resgatados pelo Grupo Especial de Fiscalização Móvel do Ministério do Trabalho. Desse total, 95% eram homens, 83% tinham entre 18 e 44 anos, 32% eram analfabetos e 39% só possuíam até a quarta série do ensino fundamental. Quanto à origem dos trabalhadores, 23,1% eram do Maranhão, 9,5% da Bahia, 8,6% do Pará, 8,3% de Minas Gerais e 5,6% do Piauí. Nota-se uma predominância de trabalhadores nordestinos como alvo preferencial das redes de aliciamento do trabalho escravo contemporâneo.

Importante reforçar que o Nordeste concentra a maioria da população negra do país. Em 2015, 11% de seus habitantes eram pretos e 62%, pardos. No que se refere aos estados com maior número de trabalhadores aliciados, também se observa grande percentual de população negra, mesmo quando localizados fora do Nordeste. Assim, em 2015, o Maranhão apresentava 11,7% de pretos e 68% de pardos em sua composição populacional, a Bahia apresentava 20% de pretos e 59,5% de pardos, o Pará apresentava 7,5% de pretos e 72,2% de pardos,

Minas Gerais apresentava 10,6% de pretos e 46,8% de pardos, e o Piauí apresentava 10,3% de pretos e 68% de pardos.

Vale ressaltar que até 2013, os flagrantes de trabalho escravo estavam concentrados nas atividades econômicas rurais, como a pecuária, a produção de carvão e os cultivos de cana-de-açúcar, soja e algodão. Desde então, aumentaram os resgates na área urbana, em setores como a construção civil e têxtil.

Analisando a distribuição percentual da população ocupada com 16 anos ou mais de idade no Brasil, tem-se que, em 2015, 13,8% encontravam-se na atividade agrícola e 9% na construção civil. Desse total, 10,4% de brancos e 16,7% de negros estavam inseridos na primeira ocupação, e 7% de brancos e 10,8% de negros na segunda. Observa-se que o percentual de trabalhadores negros e negras é superior nas duas atividades, mostrando a maior concentração dessas pessoas nessas atividades com grande número de flagrantes de trabalho escravo.

Na construção civil, a grande presença da terceirização favorece a ocorrência de trabalho escravo, com o transporte de trabalhadores de outros estados para os canteiros de obra, principalmente no Sudeste. Nos dez maiores resgates realizados entre 2010 e 2013, 90% dos trabalhadores eram terceirizados. Na construção civil, dos 14 resgates realizados em 2011, 11 apresentavam terceirização e incluíam desde pequenas empresas até gigantes do setor de construção. Em 2012, ocorreram oito resgates nos quais todos os trabalhadores eram terceirizados.

VULNERABILIDADE E DISTRIBUIÇÃO SOCIAL E ECONÔMICA

O grau de vulnerabilidade de determinada população também é um fator fundamental para compreender a maior possibilidade de entrada no ciclo do trabalho escravo por meio das redes de aliciamento. Levando em consideração que boa parte dos trabalhadores escravizados é deslocado do seu estado de origem para trabalhar em outros estados, é importante observar como as condições econômicas, por exemplo, a renda, influenciam no grau de vulnerabilidade da população negra, tendo como base sua distribuição percentual em situação de pobreza em 2015.

Apesar dos avanços nos últimos anos, em 2015, 70% da população negra brasileira ainda se encontrava em situação de grande precariedade socioeconômica, concentrando-se nas faixas de renda domiciliar *per capita* extremamente pobre, pobre e vulnerável. Nas regiões com maior índice de aliciamento, Norte e Nordeste, o índice de pobreza é ainda maior que a média nacional, com 78,8% da população negra nas três menores faixas de rendimento no primeiro, e 81,6% no segundo. A maior concentração da população negra nas menores faixas de renda permanece tanto no meio rural como no urbano, atingindo 87,5% no campo e 72,5% na cidade.

Destaca-se ainda a maior presença dos trabalhadores negros entre os que não possuem carteira de trabalho assinada, índice que se mantém tanto entre homens como mulheres. Por outro lado, a população branca é majoritária na categoria dos empregadores, com 7,0% de homens brancos e 3,5% de mulheres brancas nessa posição, ao passo que apenas 2,9% dos homens negros e 1,3% das mulheres negras compõem esse nicho da população ocupada. Nota-se tanto uma desigualdade de gênero entre os empregadores, como a predominância da população branca no acesso a essa categoria. Ou seja, dentro do já pequeno universo de empregadores, a maioria é branca.

Na distribuição da população ocupada, também fica evidente o peso do emprego doméstico na ocupação das mulheres negras (18%). De maneira geral, o trabalho doméstico fica invisibilizado na discussão sobre o trabalho escravo, apesar das conhecidas condições desumanas a que essas trabalhadoras estão sujeitas em muitos casos, tendo em vista principalmente o peso da cultura escravocrata na definição do lugar da mulher negra. Vale destacar que as trabalhadoras domésticas foram excluídas dos direitos trabalhistas previstos na Consolidação das Leis do Trabalho (CLT) (artigo 7º), de 1943, e vêm lutando ao longo dos anos para suprir o déficit de direitos em relação aos demais trabalhadores.

Nesse sentido, apenas com a Emenda Constitucional nº 72/2013 as trabalhadoras domésticas conseguiram o direito ao limite da jornada de trabalho, com duração normal não superior a oito horas diárias e 44 semanais (artigo 7º, inciso XIII). Até então, a ocorrência de jornada exaustiva não poderia tipificar trabalho escravo para essa classe de trabalhadoras. Da mesma forma, somente com a Lei Complementar nº 150/2015, que regulamentou a 72/2013, foi ampliada a essa categoria a possibilidade de inspeção pelos auditores fiscais do trabalho (artigo 44), mesmo assim com muitas condicionantes tendo em vista o âmbito privado do exercício da atividade.

A superexploração da força de trabalho é um fator constituinte do processo de formação do mercado de trabalho livre no Brasil, construído a partir do modelo escravagista, e que se perpetua até os dias atuais, atingindo prioritariamente a população negra. O "resgate da dívida social como elemento norteador da política governamental" iniciado na década de 1980, e incorporado na Constituição de 1988, ampliou os direitos sociais e criou mecanismos de cunho redistributivo não vistos em períodos anteriores da história brasileira. Entretanto, Mário Theodoro coloca que "o que os números insistiam em mostrar, a despeito de um discreto desinteresse por parte dos estudiosos, era que a situação de pobreza, de miséria e de penúria social atingia mais diretamente os negros", consolidando-se como um processo estrutural e persistente até hoje.

A análise dos dados permite concluir que as desigualdades raciais continuam se reproduzindo a cada geração, mantendo-se estáveis, a despeito dos avanços conquistados. Ainda segundo Mário Theodoro,

> a percepção de que a problemática racial está no centro da desigualdade brasileira não é algo compartilhado pela maioria dos estudiosos brasileiros. Ainda que os números e a trajetória histórica corroborem tal assertiva, poucos estudos têm assumido como ponto de partida.

Assim, por mais que não se esteja afirmando que escravidão colonial e contemporânea sejam a mesma coisa, pois não são, é imprescindível considerar como o racismo, entendido como ideologia que estrutura a sociedade brasileira, perpassa todos os âmbitos das relações sociais, o que é determinante para o sucesso do modo de produção capitalista. Vale lembrar que muitas práticas escravistas consideradas "novas", como a servidão por dívida, já existiam no Brasil desde a escravidão colonial, ou pelo menos desde a transição para o trabalho livre, amparadas por estruturas racistas.

Desse modo, pensar a erradicação do trabalho escravo contemporâneo e a reinserção dos trabalhadores resgatados em condições dignas de vida e trabalho implica enfrentar as hierarquias raciais e regionais que estruturam nossa organização enquanto sociedade.

Nota

[1] Os autores ressaltam que "no CadÚnico, não são utilizadas as categorias usadas pelo IBGE, mas o informante deve escolher entre as seguintes opções contidas no formulário de cadastramento: branca; negra; parda; amarela; indígena" (Paixão et al., 2010: 34).

Referências Bibliográficas

ALBUQUERQUE JÚNIOR, Durval Muniz de. *A invenção do Nordeste e outras artes*. São Paulo: Cortez, 2011.

CÂMARA DOS DEPUTADOS. "Notas taquigráficas da Comissão Parlamentar de Inquérito do Trabalho Escravo". Disponível em: <http://www2.camara.leg.br/atividade-legislativa/comissoes/comissoes-temporarias/parlamentar-de-inquerito/54a-legislatura/cpi-trabalho-escravo/documentos/notas-taquigraficas>. Acesso em: 20 mai. 2017.

CASALDÁLIGA, Pedro. "Uma Igreja da Amazônia em conflito com o latifúndio e a marginalização social". São Félix do Araguaia, 1970 (Carta).

DELGADO, Gabriela Neves. *Direito fundamental ao trabalho digno*. São Paulo: LTr, 2015.

DEPARTAMENTO INTERSINDICAL DE ASSESSORIA PARLAMENTAR. *Radiografia do novo Congresso: legislatura 2011-2015*. Série Estudos Políticos, ano V, Brasília, dez. 2010.

FIGUEIRA, Ricardo Resende. "A persistência da escravidão ilegal no Brasil". *Lugar Comum*, n° 33-34, 2012.

FILGUEIRAS, Vitor Araújo. *Terceirização e trabalho análogo ao escravo: coincidência?* Disponível em: <https://indicadoresdeemprego.files.wordpress.com/2013/12/tercerizac3a7c3a3o-e-trabalho-anc3a1logo-ao-escravo1.pdf>. Acesso em: 20 dez. 2016.

GOMES, Ângela de Castro. *A invenção do trabalhismo*. Rio de Janeiro: Editora FGV, 2005.

HARRIS, Cheryl I. "Whiteness as Property". *Harvard Law Review*, v. 106, n. 8, jun. 1993.

HERNÁNDEZ, Tanya Katerí. *Subordinação racial no Brasil e na América Latina: o papel do Estado, o Direito Costumeiro e a nova resposta dos Direitos Civis*. Salvador: EDUFBA, 2017.

INSTITUTO DE PESQUISA ECONÔMICA APLICADA et al. *Retratos das desigualdades de gênero e raça*. Disponível em: < http://www.ipea.gov.br/retrato/indicadores.html>. Acesso em: 20 dez. 2016.

KOWARICK, Lúcio. *Trabalho e vadiagem*: a origem do trabalho livre no Brasil. Rio de Janeiro: Paz e Terra, 1994.

MINISTÉRIO DO TRABALHO E EMPREGO. *Manual de combate ao trabalho em condições análogas às de escravo*. Brasília, 2011.

_____. *Trabalho escravo no Brasil em retrospectiva*: referências para estudos e pesquisas. Brasília, janeiro de 2012.

ORGANIZAÇÃO INTERNACIONAL DO TRABALHO. *Combatendo o trabalho escravo contemporâneo*: o exemplo do Brasil. Brasília: OIT, 2010.

_____. *Trabalho escravo no Brasil do século XXI*. Brasília, 2006.

PAIXÃO, Marcelo et al. (Orgs.). *Relatório anual das desigualdades raciais no Brasil; 2009-2010: Constituição Cidadã, seguridade social e seus efeitos sobre as assimetrias de cor ou raça*. Rio de Janeiro: Garamond, 2010.

REPÓRTER BRASIL; SINDICATO NACIONAL DOS AUDITORES FISCAIS DO TRABALHO. *Trabalho escravo contemporâneo: + de 20 anos de combate (desde 1995)*. Disponível em: <http://escravonempensar.org.br/biblioteca/trabalho-escravo-contemporaneo-20-anos-de-combate-1995-2015/>. Acesso em: 20 dez. 2016.

REPÓRTER BRASIL. *Trabalho escravo existe no Brasil – a Assistência Social pode ajudar a combater essa violação de direitos*. Disponível em: <http://escravonempensar.org.br/biblioteca/folder-trabalho-escravo-existe-no-brasil-a-assistencia-social-pode-ajudar-a-combater-essa-violacao-de-direitos/>. Acesso em: 20 dez. 2016.

SCOTT, Rebecca J. "O trabalho escravo contemporâneo e os usos da história". *Revista Mundos do Trabalho*, v. 5, n. 9, jan.-jun. 2013, pp. 129-37.

SECRETO, María Verónica. "A ocupação dos 'espaços vazios' no governo Vargas: do 'Discurso do rio Amazonas' à saga dos soldados da borracha". *Estudos Históricos*, Rio de Janeiro, n° 40, jul.-dez. 2007.

THEODORO, Mário. *Desenvolvimento, equidade e questão racial*. Brasília, 2010. Mimeo.

OS AUTORES

Leonardo Sakamoto é jornalista e doutor em Ciência Política pela Universidade de São Paulo. Professor de Jornalismo na Pontifícia Universidade Católica de São Paulo (PUC-SP), foi pesquisador visitante do Departamento de Política da New School, em Nova York. É diretor da Repórter Brasil, conselheiro do Fundo das Nações Unidas para Formas Contemporâneas de Escravidão e foi comissário da Liechtenstein Initiative – Comissão Global do Setor Financeiro contra a Escravidão Moderna e o Tráfico de Seres Humanos. É colunista do portal UOL, onde escreve diariamente sobre política.

André Esposito Roston é auditor fiscal do trabalho, bacharel em Direito pela Universidade de São Paulo, ex-coordenador do Grupo Especial de Fiscalização Móvel e ex-chefe da Divisão de Fiscalização para Erradicação do Trabalho Escravo do governo brasileiro.

Fabiola Mieres é doutora em Economia Política Internacional pela Universidade de Manchester. Foi pesquisadora associada na Escola Industrial e de Relações Trabalhistas da Universidade de Cornell, nos EUA. Também foi pesquisadora de pós-doutorado no Departamento de Geografia da Universidade de Durham, no Reino Unido, onde fez parte do consórcio Demand-AT, financiado pela União Europeia, que pesquisa as medidas para combater o tráfico de seres humanos e o trabalho forçado na produção global (2014-2016).

Kevin Bales é professor da disciplina de Escravidão Contemporânea na Universidade de Nottingham, coautor do Índice de Escravidão Global e fundador da ONG Free the Slaves. É considerado um dos maiores especialistas mundiais no tema.

Mike Dottridge é ex-diretor da Anti-Slavery International, a mais antiga ONG do mundo, ex-diretor da Anistia Internacional e consultor internacional para trabalho escravo e trabalho infantil.

Natália Suzuki é jornalista e cientista social pela Universidade de São Paulo (USP), mestre e doutoranda em Ciência Política pela mesma universidade e pós-graduada em Direitos Humanos e Intervenção Humanitária pela Universidade de Bolonha. Atualmente, é coordenadora do programa Escravo, nem Pensar!, da Repórter Brasil.

Raissa Roussenq Alves é mestra em Direito, Estado e Constituição pela Universidade de Brasília e graduada em Direito pela mesma instituição. Advogada, representou o Conselho Federal da OAB na Comissão Nacional para a Erradicação do Trabalho Escravo (Conatrae).

Renato Bignami é doutor em Direito do Trabalho e da Seguridade Social pela Universidade Complutense de Madrid, consultor da Organização Internacional do Trabalho e responsável pela criação do sistema brasileiro de combate à escravidão no setor de vestuário têxtil.

Ricardo Rezende Figueira é antropólogo, professor lotado no Núcleo de Estudos de Políticas Públicas em Direitos Humanos Suely Souza de Almeida, da Universidade Federal do Rio de Janeiro (UFRJ). Coordena o Grupo de Pesquisa Trabalho Escravo Contemporâneo (GPTEC/UFRJ).

Siobhán McGrath é doutora em Desenvolvimento Internacional pela Universidade de Manchester, no Reino Unido, e mestre em Economia pela New School for Social Research, em Nova York. É professora de Geografia Humana na Universidade de Durham, no Reino Unido, com foco em geografia do trabalho e geografia do desenvolvimento. Sua pesquisa de doutorado, baseada em seis meses de pesquisa de campo, foi sobre casos de trabalho escravo no Brasil.

Tiago Muniz Cavalcanti é mestre em Direito do Trabalho pela Pontifícia Universidade Católica de São Paulo e doutor em Direito do Trabalho e Teoria Social Crítica pela Universidade Federal de Pernambuco, com período de pesquisa no Centro de Estudos Sociais da Universidade de Coimbra, em Portugal. É professor da Escola Superior do Ministério Público da União. Foi coordenador nacional de erradicação do trabalho escravo do Ministério Público do Trabalho.

Xavier Plassat é cientista político pela Sciences Po, em Paris, frei dominicano e coordenador da área de combate à escravidão da Comissão Pastoral da Terra. Atende há 35 anos vítimas de trabalho escravo na Amazônia. É o principal produtor de estatísticas sobre o tema no Brasil, inclusive subsidiando ações do governo, e um dos principais nomes no combate a esse crime no país.

GRÁFICA PAYM
Tel. [11] 4392-3344
paym@graficapaym.com.br